KB071401

신중년 인생 후반전을 위한

100세 시대
은퇴자의 꿈

100세 시대
은퇴자의 꿈

초판 1쇄 발행 2023년 01월 11일

저 은 이   임재홍
발 행 인   권선복
편   집   권보송
디 자 인   신미현
전 자 책   서보미
발 행 처   도서출판 행복에너지
출판등록   제315-2011-000035호
주   소   (07679) 서울특별시 강서구 화곡로 232
전   화   010-3993-6277
팩   스   0303-0799-1560
홈페이지   www.happybook.or.kr
이 메 일   ksbdata@daum.net

값 16,000원
ISBN   979-11-92486-52-9 (13190)

Copyright ⓒ 임재홍 2023

신중년 인생 후반전을 위한

100세 시대 은퇴자의 꿈

임재홍 지음

DESIGN, CHANGE, CHANCE OF LIFE

은퇴 전에 읽어야 할 필독서,
100세 시대 인생 설계 전략!

도서
출판 행복에너지

고성환 (한국방송통신대학교 현 총장)

인생 제2막이 열리는 100세 시대의 무대 앞에 은퇴는 새로운 희망과 자신의 꿈을 실현하는 출발점입니다. 남은 30~40년은 결코 짧지 않은 시간이고 너무나 소중한 시간입니다. 이 시간을 잘 보내야만 아름다운 뒷모습을 보여 줄 수 있게 될 것입니다. 이 책은 인생 후반전을 위한 삶의 다양한 방향을 제시하고 구체적인 사례를 통해 우리에게 의미 있는 시사점을 던져 주고 있습니다. 인생의 황금기를 행복하게 살아가고자 꿈을 꾸고 설계하는 은퇴자들에게 좋은 안내서가 될 것입니다.

심보균 (행정안전부 전 차관)

아직도 은퇴가 두려운 분이 있는가요? 이 책을 펼쳐보면 기대와 희망으로 멋진 삶을 즐길 수 있는 다양한 방법들이 한눈에 들어옵니다. 인생 100세 시대에 은퇴는 새로운 시작이라는 저자는 은퇴 후 새로운 인생을 개척하고 있는 자기 경험과 연구, 강의와 자문 결과를 바탕으로 노후 준비와 은퇴 후 삶의 설계도를 안내하고 있습니다. 건강관리, 여가활동, 새로운 일의 시작과 평생학습, 주거관리 등 은퇴 후 부딪히게 될 문제에 대한 대응방안 중심으로 궁금증을 시원하게 풀어주는 것 같아 추천 드립니다.

최은수 (숭실대학교 명예교수)

　퇴직은 누구에게나 다가올 것이다. 시기만 다를 뿐이다. 이 책은 저자인 임재홍 박사의 퇴직과정을 겪은 직접적인 체험과 평생교육학 박사로서의 학문적 소양이 잘 버무려진 현장 중심적인 내용과 정보를 담고 있다. 따라서 이 책은 퇴직을 바로 앞둔 중년 세대나 퇴직을 준비해야 하는 젊은 세대 등 누구나 할 것 없이 모두에게 필요한 필독서로 추천하고 싶다.

강성주 (한국방송광고진흥공사 혁신성장본부장/상임이사)

　과거에는 "인생은 짧고, 예술은 길다"라고 했으나, 오늘날에는 평균수명의 증가로 "인생은 길고, 할 일은 많다"라고 말하는 것이 옳다고 본다. 100세 시대 어떻게 살 것인가? 인생 선배로서 여러분이 맞이할 뉴노멀(New Normal) 시대에 적응하려면 새로운 가치관과 행동이 필요하다고 말하고 싶다. 이 책은 은퇴 이후 직면하는 많은 변화에 적응방안을 제시하고, 단 한 번뿐인 인생을 후회 없이 행복하게 보낼 수 있도록 여러 시각에서 재미있게 구성하고 있다. 은퇴는 새로운 삶의 시작이자, 꿈을 이루는 마지막 기회이다. 여러분의 인생관은 서로 다르지만, 성공적인 인생 후반전을 계획한다면 다양한 관점에서 제2의 인생을 열어줄 이 책을 권한다.

직장생활 하는 사람이라면 누구나 정년퇴직 또는 명예퇴직이라는 명분으로 그동안 정들었던 직장을 언젠가는 떠나야만 한다. 퇴직은 삶의 전반에 많은 변화와 영향을 미친다. 평균수명이 길지 않았던 과거에는 은퇴 이후에 소일거리나 취미생활을 하면서 노후 생활을 보냈다.

하지만 지금은 보건·의료기술의 발달과 효과적인 자기관리로 인해 건강하고 활동적인 체력을 유지하고 있다. 100세 시대를 맞이하는 오늘날! 수명이 길어진 만큼 일을 더 해야 하며, 불확실한 미래를 위해 어떻게 살 것인가에 대해 삶의 단계를 재설계해야 할 것으로 본다. 과거에는 첫 단계가 교육, 두 번째 단계가 직업 활동, 세 번째 단계가 퇴직과 더불어 노후 생활로 이어지는 전통적인 3단계 삶의 시대로 살았다면, 앞으로는 100세 시대에는 퇴직 이후에도 다단계 삶의 방식을 추구해야 하는 시대가 된 것이다. 실제로 학교 졸업 후 30~40년을 직장생활 하였다면, 퇴직 이후에도 30~40년을 더 살아야 한다.

100세 시대, 어떻게 살 것인가? 우리가 맞이할 미래는 정년 혹은 퇴직의 개념은 없어지고 경제적 필요뿐만 아니라 자아실현 등 다양한 이유로 80세까지는 일을 해야 한다는 인식이 커지고 있다. 또한 이에 적응하기 위해서는 새로운 가치관과 행동이 요구되고 있다. 전통적인 직업이 사라지고 뉴노멀(New Normal) 시대 새로운 직업이 등장함에 따라 노동시장에도 급격한 변화를 맞이하게 될 것이다. 로봇과 인공지능이 사람의 일을 대신하는 시대가 도래하였다. 그러므로 지식과 기술의 재교육을 통해 새로운 일자리에 적응하고 창조해야 한다는 것이다.

2021년 통계청 조사보고서에서도 우리나라 사람들이 실제로 퇴직 나이쯤인 "55세~79세까지는 일하고 싶다"라고 대답한 사람이 68.1%로 상당히 높게 나타났다. 또한 현대 경영학 창시자로 평가받는 피터 드러커(Peter Ferdinand Drucker)는 "직장에선 정년이 있을지 모르지만, 인생에는 정년이 없다"라고 하면서 95세까지 현역으로 일했다. 은퇴 이후 앞으로 많은 세월을 어떻게 보내는 것이 노후에 행복하고, 후회 없이 멋지고 아름다운 인생을 살았다고 말할 수 있을까? 정답은 없다. 은퇴 후 나타나는 문제는 무엇이며, 필요한 것이 무엇인지를 알고, 도전적이고 다양한 삶의 방식을 미리 알아두어야 만족하고, 행복해질 수 있다고 본다. 은퇴 후 노후의 질을 높이기 위해서는 일, 건강관리, 돈, 여가활동, 사회공헌, 귀농·귀촌, 부부관계, 평생학습 등 나름의 은퇴 설계를 마련해야 한다.

오늘날 평균수명의 증가로 은퇴 이후 새로운 삶의 방식을 추구하기 위해서는 그에 상응하는 철저한 준비가 필요하다. 일반적으로 은퇴를 앞둔 대부분 사람들은 퇴직 생활에 접어들면 나름의 "버킷리스트"를 작성하여 자아실현, 취미생활, 여행 등 그동안 시간이 없어 제대로 하지 못했다고 생각했던 것들을 할 것으로 기대한다. 하지만 실제로 퇴직 후에 맞이하는 현실 사이에는 커다란 차이가 있다는 것을 인식하게 된다. 미국 교육학자 하이만(Hooyman) 교수와 카일락(Kilak) 교수는 "퇴직은 인생의 전환기로 맡은 바 의무와 책임을 후배들에게 물려주고 자신이 원하던 삶을 살 수 있고, 제2의 인생을 시작할 수 있는 도전의 기회"라고 하였고, 철학자 김형석 교수는 『백년을 살아보니』 책에서 "인생의 황금기는 60세부터 75세까지로 가장 아름답고 좋은 시절"이라고 하였다.

필자는 오랜 공직에서 직장생활을 하면서 많은 은퇴한 선배들의 삶의 이야기를 들어 보았다. 어떤 분은 하고 싶은 일을 하면서 행복하고, 취미생활 등 인생을 즐기면서 시간을 보내고 있는 사람이 있는 반면에, 어떤 분은 아무 일도 없이 연금에만 의존하면서 특별히 할 일 없이 집 근처에 있는 공원 산책이나 등산하면서 인생을 의미 없이 보내는 사람들도 많았다. 그 차이는 퇴직 전에 은퇴 준비를 구체적으로 한 사람과 준비하지 않은 사람 간의 삶의 모습이었다.

그러면 은퇴 이후 미래를 어떻게 준비해야 하는지가 궁금하게 생각될 것이다. 필자도 동시대에 노후를 보내는 사람으로 직접 체험하고 공감하는 마음으로 진심을 담아서 정리하였다. 이론적인 부분은 논문이나 연구자료를 근거로 작성했으며, 은퇴 관련 분야별 전문 서적을 보면서 다양한 지식과 정보를 얻었다. 그리고 퇴직 선배들의 은퇴 후 생활 모습과 실제로 일어나는 문제점 및 해결 방안, 은퇴자들의 재취업 등 다양한 사례를 실었다. 그리하여 이 책은 퇴직을 앞둔 사람들에게 노후생활의 행복한 삶을 위해 은퇴 설계의 필요성과 다양한 삶의 방향을 찾는 데 도움을 드리고자 하였다. 따라서 은퇴 설계는 적어도 5년 전부터 준비하도록 하여, 은퇴 후 삶의 목적을 정하고, 삶의 방향을 일찍 세우도록 안내하는 데 중점을 두었다. 이에 새로운 인생 후반전 전략을 세우도록 구체적인 내용과 은퇴자들의 현장감 있는 이야기로 구성하였다. 은퇴를 앞두고 인생 후반전을 계획하거나, 어떻게 보낼까 고민하는 은퇴자들에게 행복한 노후 준비를 위해 필요한 주제들을 전반적으로 다양한 관점에서 기술하려고 온 정성을 들였다. 처음으로 발간하는 책인 만큼 경험이 부족하여 미흡한 부분도 많다. 지속적으로 연구하여 부족한 내용에 대해서는 계속 보완하여 완성도를 높이고

자 노력할 것을 스스로 다짐한다. 이 책을 읽는 독자들에게 자신의 미래의 삶을 설계하는 데 조금이라도 도움이 되었으면 하는 마음이다.

　끝으로 본서가 생애 첫 작품으로 세상에 나올 수 있도록 선뜻 출판에 응해주신 도서 출판 행복에너지 권선복 대표님께 이 자리를 빌어 다시 한번 감사를 드린다.

임재홍

목
차

추천서 ·· 4

머리말 ·· 6

1장

은퇴는 새로운 시작

1. 100세 시대, 초고령화 사회 ····················· 18

2. 은퇴 설계의 필요성 ···························· 22

3. 은퇴는 인생 후반전의 전환점 ················· 27

4. 열심히 일한 당신, 여행을 떠나라 ············ 34

5. 나만의 공간(agit)을 만들자 ·················· 37

6. 인생관을 확 바꿔야 한다 ···················· 39

7. 새로운 시작! 행복한 채움 ···················· 45

2장

성공적인 후반전의 인생 설계

1. 단계별 은퇴 계획을 세우자 ··················· 48

2. 삶의 목적을 정하자 ························· 54

3. 성공적인 은퇴 설계 짜기 ···················· 57

4. 버킷리스트를 작성하자 ······················ 63

5. 은퇴자의 꿈은 이루어진다 ··················· 67

6. 인생 2막, 삶을 바꾸는 나의 첫걸음 ·········· 70

3장　　**재취업**

1. 재취업으로 새로운 경험을 쌓자 ················· 74

2. 자신의 눈높이를 낮추자 ····························· 78

3. 직업에 대한 편견을 버리자 ······················· 80

4. 나의 천직을 발견하자 ······························· 82

5. 재취업 성공하기 ······································· 85

6. 개인 창직(創職) 시대 ································· 88

7. 정년퇴직 후 재취업까지 ···························· 90

4장　　**여가 활동**

1. 하루 일과, 주간, 월간, 연간 목표를 세우자 ········ 96

2. 여가는 생활의 활력소 ······························· 100

3. 삶의 시스템을 새로 짜자 ···························· 103

4. 마음이 통하는 친구가 필요하다 ···················· 105

5장 **사회 공헌**

1. 사회 공헌 활동 ……………………………………… 112

2. 자원 봉사 활동 ……………………………………… 116

3. 세상은 넓었다, 그런데 갈 길을 잃다 …………… 120

6장 **귀농 귀촌**

1. 도시에서 시골로 …………………………………… 124

2. 귀농과 귀촌 ………………………………………… 129

3. 전원생활 삶의 이야기 …………………………… 133

7장 **은퇴자의 노후 대책**

1. 은퇴자의 노후 자금 대책 ………………………… 142

2. 은퇴 후 리스크 관리 ……………………………… 145

3. 연금제도 이해 ……………………………………… 159

4. 기본적인 재무설계 ………………………………… 167

5. 평생 현역 되기 …………………………………… 169

8장 **100세 건강 설계**

1. 행복한 노후는 건강 ································· 174

2. 노후의 암, 치매 예방법 ························· 178

3. 꾸준한 운동은 장수의 비결 ················· 188

4. 건강의 적, 당신의 뱃살 ······················· 191

5. 장수하는 사람들의 생활 습관 ··············· 195

9장 **평생학습 시대**

1. 평생학습을 통한 자아실현 ··················· 200

2. 자기계발을 위한 평생교육 ··················· 205

3. MZ세대가 바라보는 은퇴자 ················· 208

4. K-MOOC 등 온라인 평생교육 현황 ········ 212

5. 한국방송통신대학교 입학 ····················· 214

10장　**행복한 인생 후반전**

1. 인생 후반전 나답게 살기 ····························· 218

2. 은퇴가 주는 행복 ····························· 227

3. 부부간의 대화법 ····························· 229

4. 은퇴자의 부부 생각 ····························· 233

5. 부부의 역할 변화 ····························· 237

6. 자녀를 독립시키자 ····························· 241

7. 아버지의 이름을 유산으로 남기자 ············· 244

11장　**국내에서 한 달 살기 경험**

1. 한 달 살기의 의미 ····························· 248

2. 제주에서의 한 달 살기 ····························· 250

12장　**은퇴 후 주거 환경**

1. 은퇴 후 주거 환경 ····························· 256

2. 거주지 선택 시 고려사항 ····························· 258

3. 누구하고 어디에서 살 것인가 ····················· 261

13장   **웰 에이징** (Well-aging)

1. 품격있는 노후 ································· 264

2. 고정관념을 버리자 ······················· 266

3. 죽을 때 후회하는 것 ···················· 269

4. 아름다운 삶의 정리 ······················ 272

5. 아모르파티 (amor fati) ················· 276

     & 메멘토 모리 (memento mori)

14장   **내 인생을 바꾸는 힘**

1. 사람이 운명이다 ·························· 282

2. 운이 따르는 사람들의 생활 습관 ········· 287

3. 나를 바꾸는 마지막 용기 ················ 293

4. 인간관계가 노후 행복을 좌우한다 ········ 296

     참고 문헌 ································· 299

     출간후기 ································· 302

1장

은퇴는

새로운

시작

100세 시대, 초고령화 사회

유엔(UN)은 2009년 발표한『세계인구 고령화 보고서』에서 인간의 평균 수명이 100세에 근접하는 '호모 헌드레드(Homo hundred)' 시대의 도래를 예고했다. 지난 50년 동안 한국인의 기대 수명은 엄청나게 증가하여 28년이 늘어났다. 한국에서 100세 이상 인구가 빠른 속도로 증가하는 것도 바로 이러한 이유에서다. 실제로 통계청 자료에 2020년 8월 기준 100세 이상 인구는 21,411명으로 여성이 16,208명, 남성이 5,203명이다. 또한 장래 인구 추계에 의하면 100세 이상 노인은 2060년에 총 인구의 0.19%인 84,283명에 이를 것으로 추산하고 있다. 이러한 한국인의 기대 수명은 2020년 남자는 80.5세, 여자는 86.5세로 남성과 여성의 나이 차이는 6세의 차이가 나는 것으로 조사되었다.

이와 더불어 우리나라 2022년 6월말 기준 65세 이상 인구는 17.5%로 9,035천 명으로 나타났으며, 2025년이 되면 65세 인구가 20%에 해당하는 1,000만 명이 예상된다.(표, 그림 참조) 이는 국내 인구 5명 중 1명은 65세 이상이 된다는 것이다.『100세 인생(THE 100 YEAR LIFE)』저자 린다 그래튼(Lynda Gratton)과 앤드루 스콧(Andrew Scott)은 책에서 기대 수명은 200년에 걸쳐 10년마다 2년 이상 꾸준히 증가하고, 지금 나이가 20세인 사람은 100세 이상 살 가능성, 40세인 사람은 95세 이상 살 가능성, 60세인 사람은 90세 이상 살 가능성이 50%라고 주장하였다. 미래에는 우리가 상상하는 것보다 더 오래 산다는 것이다.

경제협력개발기구(OECD)의 보고서 역시 "한국은 그동안 가장 젊은 나라였지만, 향후 50년 이내 가장 늙은 나라로 변할 것이다"라고 전망하였다. UN보고서 역시 우리나라가 2025년에는 초고령 사회로 진입할 것으로 전망하고 있다. 보건복지부 OECD 보건통계보고서에서도 한국인의 기대수명이 평균 83.5세로 OECD국가 38개국 평균 80.5세보다 3년이 길고 1위인 일본이 84.7년에 이어 우리나라가 2위를 차지하고 있다. 우리나라가 2000년 고령화 사회로 진입한 이후 불과 26년 만에 초고령 사회로 진입하게 될 것이다. 이러한 수치는 일본보다 10년 빠르게 초고령 사회로 진입하는 것으로 전 세계적으로 유래를 찾기 어려운 추세라고 한다.

이제는 바야흐로 100세 시대를 살고 있다. 다시 말하면 이 책의 독자들 중에서 50세 이상인 사람은 아마도 100세 인생을 준비해야 할 것이다. 이에 대한 철저한 준비를 하지 않으면 우리에게는 '행복'이 아니라 '고통'이 될 수도 있을 것이다. 최근 우리 사회의 가장 큰 당면 과제 중 하나로 고령화 문제를 제기하는 데 주저하는 사람은 없을 것이다. 그것은 저출산 시대에 고령화가 우리 사회의 경제, 사회, 보건, 일자리 등 전 분야에 걸쳐 중요한 과제로 직면하고 있기 때문이다.

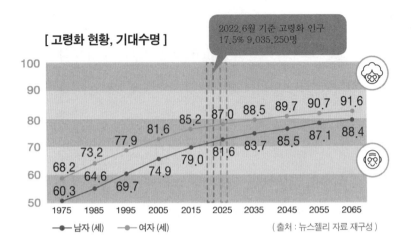

[고령화 현황, 기대수명]

2022.6월 기준 고령화 인구
17.5% 9,035,250명

남자 (세) ─ 여자 (세)

(출처 : 뉴스젤리 자료 재구성)

　기대 수명의 증가는 그에 상응하는 준비를 요구한다. 은퇴 후
30~40년에 달하는 노후 생활 비용을 마련하고, 삶의 질을 높이는
주거생활과 여가생활, 건강관리, 인간관계, 일거리 등에 대한 대
비가 필요하다. 우리가 맞이할 미래는 과거 교육, 일, 퇴직에 이어
지는 3단계 삶의 이전 세대와는 달리 전혀 다른 삶을 살게 된다는
것이다. 영국 데이비드 엘리스 박사(Dr. David Ellis)는 "이제 우리 사
회는 60대가 아니라 80대에 은퇴하는 것을 현실로 받아들어야 한
다"고 말하고 있다. 국내에서도 고령층(55~79세)을 대상으로 한 통
계청의 2021년 조사 결과를 보면 79세까지 일하고 싶다는 비율이
68.1%로 이미 이러한 추세가 반영되고 있다.

　100세 시대는 꿈이 아닌 현실이다. 문제는 은퇴 이후 100세까지
를 어떻게 준비할 것이냐가 문제이다. 한국경제비즈니스의 '퇴직
이후의 삶에 대한 상태'에 대한 조사 결과 직장인 85%가 제대로 준

비되지 않았다고 한다. 앞으로 길어진 삶을 잘 살아가려면 전통적

인 일과 삶의 방식의 대전환으로 구체적인 준비가 필요한 시점이

라고 본다. 그래야 100세 인생을 뒷받침할 수 있다.

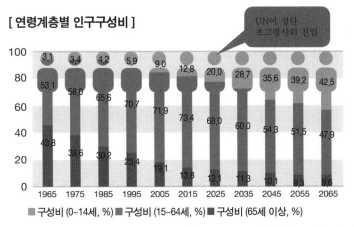

[연령계층별 인구구성비]

UN이 정한
초고령사회 진입

■ 구성비 (0~14세, %) ■ 구성비 (15~64세, %) ■ 구성비 (65세 이상, %)

(출처 : 뉴스젤리 자료 재구성)

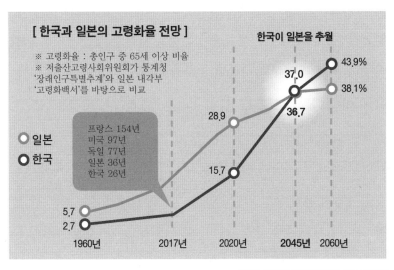

[한국과 일본의 고령화율 전망]

한국이 일본을 추월

※ 고령화율 : 총인구 중 65세 이상 비율
※ 저출산고령사회위원회가 통계청
'장래인구특별추계'와 일본 내각부
'고령화백서'를 바탕으로 비교

프랑스 154년
미국 97년
독일 77년
일본 36년
한국 26년

○ 일본
○ 한국

(출처 : 저출산고령사회위원회 자료 재구성)

#2

은퇴 설계의 필요성

은퇴는 누구나 언젠가 맞닥뜨리게 될 것이다. 자의든 타의든 간에 본인의 의지에 상관없이 정든 직장을 떠나야만 한다. 은퇴는 인생에서 중요한 전환점으로 새로운 과제와 경험, 불확실성을 부여한다. 은퇴 뒤의 생활은 기대와 희망, 흥미진진한 것이 될 수도 있고, 심리적·정서적 변화로 외롭고 불안해하면서 우울해질 수도 있다. 이론적인 의미로 영국 사회철학자 피터 라슬렛(Peter Laslett)는 "은퇴는 사회적 의무에서 벗어나 가장 자율적으로 설계하고 장식해 볼 수 있는 인생의 찬란한 결정체로 인생의 축복기", 라고 하였으며, 미국 종교역사학자 스티븐 코비(Stephen covey)는 "은퇴는 가장 가치 있는 목표를 성취하는 시기로 개인과 가정을 뛰어넘어 뜻깊은 일에 참여하면서 사회적 책임 차원에서 봉사하는 삶"이라고 하여 모두가 공감하고 누구나 그러기를 바라는 바다.

오늘날 평균 기대수명의 연장으로 100세 시대가 도래한 지금, 길어진 은퇴 후 생활에 대한 걱정과 어떻게 은퇴 설계를 세워야 할 것인가에 대한 필요성과 관심이 높아지고 있다. 이에 대해 기업뿐만 아니라 자치단체, 공무원연금공단, 중앙교육연수원 등에서 은퇴 예정자들을 대상으로 다양하게 미래 설계 프로그램을 운영하고 있다. 우리가 맞이하여야 할 미래는 정년이라는 개념이 없어지고, 경제적 필요는 물론 다양한 이유로 80세까지는 일을 해야 한다. 과거 50년 전, 기대수명이 짧았던 시절에는 은퇴 이후에 취미활동이나 소일거리를 하면서 노후 생활을 보냈다. 하지만 지금은 기대 수명이 그만큼 늘어나 건강이 허락한다면 75세까지는 왕성한 사회활동을 하고 싶어 한다. 그동안의 지식과 경험을 활용해 사회봉사, 창업, 재취업, 귀농·귀촌, 교육활동 등 다양하게 삶의 가치를 창조하면서 의미 있고 품격 있는 노후 생활을 할 수 있다.

오늘날에는 은퇴와 더불어 특별하게 아무 일을 하지 않고 보내는 10년은 너무 긴 세월이고, 아깝다고 생각한다. 더 나아가 개인차이는 있으나 70세부터는 자연적인 노화로 인해 건강에 문제가 발생하게 되면 어떠한 일을 하고 싶어도 할 수가 없다. 특히 은퇴 이후에 라이프 스타일, 소득, 부부관계, 인적 교류관계 등에서 큰 변화가 뒤따르기 때문에 이에 대한 인생 후반전을 위한 은퇴 설계가 필요하다. 따라서 은퇴에 대해 철저하게 준비하지 않고서는 뉴노멀(new normal)시대, 현실에 적응하기란 행복한 기대와 낙관보다는 현실의 벽을 체감하면서 녹록지 않다는 것을 깨닫게 된다. 따라서 은퇴 이후 달라지는 환경변화에 적응하기 위해서는 새로운 삶의 목적을 찾거나 자아실현을 추구하는 인생 후반전을 철저하게 준비해야 한다.

직장생활을 그만두고 한두 달만 지나면, 은퇴의 신선함과 행복감은 사라진다. 아침에 왜 일찍 일어나야 하는지 그 이유를 찾을 수 없다. 일단 일어났다 하더라도 마땅히 갈 곳이 없다. 은퇴 전에는 규칙적인 출퇴근과 자리에 앉으면 처리해야 할 업무 등으로 긴장된 생활의 연속이고 바쁜 나날을 보낼 수밖에 없었다면, 은퇴 후에는 출근할 이유와 삶의 목적이 없어짐으로써 긴장의 끈이 풀어지면서 불규칙한 생활로 나태해지고, 장기간 이어질 경우 우울감 등으로 건강에 적신호가 켜진다. 미국 플로리다에서 의사였던 리처드 노이바위(Richard Neubarbock)는 "사람들은 주로 게으름과 무력감 때문에 은퇴하자마자 급격한 육체적, 정신적 쇠약을 겪게 된다"라고 말해 이를 뒷받침해 주고 있다.

행복한 은퇴 생활을 즐기는 것은 외견상 그다지 어려운 일은 아니다. 단순히 경제적인 측면에서 여유 있고, 건강관리 면에서 자신 있다고 은퇴 생활에 만족할 것이라고 생각하지만, 다른 한편으로는 정신적 건강과 끈끈한 사회적 연고, 대인관계 단절에서 오는 외롭고 고독한 은퇴 생활이 올 수도 있다는 것이다.

은퇴란 내가 꿈꿔오던 인간형이 될 수도 있고, 늘 하고 싶었고 원하던 일을 할 수 있는 절호의 기회다. 원하던 모든 것을 할 수 있다는 말은 긍정적인 신호일 수도 있지만 저절로 되는 것은 아니다. 건강하다고, 여윳돈이 넉넉하다고 성공적인 은퇴가 보장되는 것은 아니다. 여가, 건강, 취미생활, 가족, 사회활동 등이 복합적으로 형성되었을 때 가능하다. 이러한 것들을 생각하여 은퇴 설계를 세우는 일이 중요하다. 인생 후반전을 알리는 종이 울릴 때, 우리는 앞으로 다가올 미래에 대하여 충분한 준비가 되어 있어야 한다. 직장 일에만 매달려 있던 바쁜 시간이 멈추는 대신에 개인 활동, 여가 활동, 창조적인 활동, 가족이나 부부관계를 위한 시간이 늘어난다. 문제는 어떻게 행복한 삶으로 시간을 보낼 것인가 하는 것이다. 은퇴하고 나면 그동안 사회생활에서 맺은 인맥은 대부분 단절되고 교류가 없어지게 된다. 그리하여 자연적으로 혼자서 시간을 보내거나, TV 보는 데에만 소모한다면 은퇴의 즐거움과 만족은 얻을 수 없다.

자유롭고 행복한 은퇴 생활을 원한다면 활동적으로 살아야 한다. 이를 위해 삶의 목표와 꿈을 갖는 것이 중요하다. 은퇴 뒤 뭘 할지 신중하게 계획을 세운다면 은퇴 후 인생 후반전에서 최고의 황금기를 보낼 수 있다. 이때 중요한 것은 자신의 꿈을 추구할 동기가 분명해야 하는 것과, 그에 따른 어려움과 장애에 부닥치더라도 대안을 생각하면서 수정할 줄 아는 여유를 갖는 것이다.

가장 성공한 은퇴자는 철저한 계획과 단계적 실험, 경험을 통해 터득한 지식을 융합하여 새로운 인생 후반전 출발을 시작하는 사람이다. 자신이 원하는 여유 있고 활기찬 생활 스타일, 그것을 설계하는 것은 타인의 도움도 필요하지만 온전히 자신의 몫이다. 나 말고 어느 누구도 그 일을 대신해주지 못한다. 은퇴자로서의 내 삶을 재창조하는 것이 그리 쉬운 일은 아니지만 남은 인생의 목표와 긍정적인 사고를 견지한다면 가능한 일이라고 본다.

100세 시대를 맞이하는 모든 사람들에게 자신이 하고 싶은 것이 무엇인지, 그것을 어떻게 하고 싶은지에 대한 계획이 핵심적인 사항이다. 은퇴는 인생 후반을 보내는 마지막 기회이다. 과거의 나의 모습과 행했던 일은 뒤로하고 자아로의 모습을 찾아서 미래를 꿈꾸는 준비된 은퇴 설계만이 남은 인생에 만족하고 행복한 기회가 찾아올 것이다.

은퇴는 인생 후반전의 전환점

은퇴는 개인 일생의 전환기적 사건으로 사회적 역할과 책임에서 벗어나 새로운 삶을 시작하는 기회이다. 여유시간을 활용해서 보다 진정한 삶을 살아갈 수 있다는 긍정적인 면이 많다. 그러나 반대로 일을 하지 않음으로써 심리적 불안과 사회적 소외로 스트레스의 원인이 되고, 사회적 역할의 축소와 소득의 감소로 인한 경제적 어려움 등으로 부정적인 측면도 존재한다.

우리 사회는 그동안 은퇴 이후 삶에 대한 중요성을 평가절하해온 측면이 강했지만, 요즘에는 은퇴가 사회생활에서 물러나거나 퇴보하는 것이 아니라, 오히려 남은 생애 동안 하고 싶은 일을 새롭게 시작할 수 있는 좋은 기회를 맞이하는 인생의 전환점(turning point), 제2의 인생(Second life)이라는 인식이 보편화되고 있다.

은퇴 설계에 대한 노후준비 현실이 어느 수준에 머무르고 있는지 확인한 바에 의하면, 경제협력개발기구(OECD)평균의 절반에도 미치지 못한 것으로 나타났다. 국가별 노후 준비지표는 고령화 속도, 저소득층 비중, 연금 소득 대체율, 은퇴 후 생존 기간을 중심으로 가중평균한 후 이를 수치화한 지표로 OECD 평균을 100으로 했을 때, 미국은 128점, 영국은 125점, 일본은 74점인 반면에 한국은 47점으로 OECD평균에 비해 매우 낮은 노후 준비지표를 보여주고 있다.

이와 더불어 삼성생명 은퇴연구소가 2018년에 발표한 한국인의 퇴직 후 은퇴준비지수는 ▲재무 ▲건강 ▲활동 ▲관계 영역에 대해 응답자의 실행점수를 구한 뒤 은퇴 준비에 대한 주관적인 평가인 자기 점수를 반영하여 100점 기준으로 환산하여 산출한 것으로 한국인의 은퇴준비지수는 54점으로 "주의" 단계이며 매년 낮아지고 있다는 것은 현실적으로 은퇴 준비에 대한 자신감이 약한 반면 노후에 대한 불안감이 크다는 것을 의미한다. 자신의 은퇴준비지수를 [붙임]표의 체크리스트를 참고하여 미리 대비해 놓아야 한다.

우리나라 은퇴자들이 주로 하는 취미는 등산이나 TV 시청 등으로 나타났다. 그 이유는 현직에서 바쁜 업무 때문에 여가를 신경 쓸 수 없으며, 여가를 보내는 방법을 잘 모르고, 여가 활동에 대한 시간과 돈을 투자할 여유가 없었다. 자녀 교육비, 주택 구입비 지원 및 결혼자금으로 자녀에게 지출하는 금액이 너무 많아 노후 생활자금이 부족하기 때문이다. 하지만 최근 들어 기대수명의 증가로 인해 은퇴 후 30년 이상 긴 은퇴 기간을 보내면서 자녀들에게 부양받지 않고 스스로 독립적인 생활을 추구하며, 더불어 인생에서 가장 멋진 시간을 보내려는 은퇴자들이 많이 늘고 있다.

실제로 최근 은퇴기를 지칭하는 새로운 용어로 황금기(Gold age), 인생 3기(Third age), 자아실현 시기(Self - actualization period), 뜨거운 인생(Hot age), 창조적 나이 들기(Creative ageing) 등이 사용되고 있다. 따라서 은퇴(retirement)에 대한 생각은 하던 일에서 손을 떼고 물러나 일없이 한가롭게 지내는 것이 아니라, 인생 2막을 위해 다시 살아가는 개념으로 바뀌고 있으며 정신적으로나 사회적으로 계속 성장해 나가는 것을 의미한다.

그러므로 은퇴 후에는 인생의 전환기를 맞이하면서 신체적 변화, 심리적 변화, 시간 관리의 변화, 사회적 관계의 변화, 경제적 변화 그리고 배우자의 변화 등 여러 가지 상황 변화가 발생하게 되는 바, 이에 대한 변화관리에 적응하는 것이 필요하다.

첫째 신체적 변화에 적응하자. 은퇴할 즈음에는 노화에 따른 호르몬 변화로 신체적 구조변화와 소화, 호흡, 수면기능의 약화가 나타나기 마련이다. 직장생활 당시에는 자신의 몸을 돌보지 않고 열심히 일에 몰두하다 보니 운동할 시간이 없어서 못 했지만 은퇴하고 나면 여유 있는 시간을 활용하여 내 몸에 맞는 운동을 매일 규칙적으로 하면, 젊은 시절처럼 몸이 유연하고 근육이 생겨 신체적 노화를 예방할 수 있다. 따라서 100세 시대 은퇴 후 30~40년을 건강을 유지하기 위해서는 정기적인 건강 검진과 자신의 체질에 맞는 건강 관리 방법을 터득하여 관리하는 것이 신체적 변화 적응에 효과적인 방법이라고 본다.

둘째 심리적 변화에 긍정적 사고를 갖자. 조직에 평생을 몸 담아 왔던 직장에서 막상 나오게 되면 뭐라도 할 수 있다고 낙관하거나 기대를 할 수 있다. 하지만 사회관계의 변화, 활동 영역의 변화 등으로 인한 심리적 변화가 나타난다. 직장생활에 따른 명함, 직함이 없어지고, 특히 소속감 상실로 인적교류가 단절되어 자기 정체성이 사라진다. 이에 존재감이나 자존감이 떨어지게 되면서 불안과 우울감이 발생하게 된다. 따라서 은퇴로 인한 마음과 몸의 피로를 풀어주고 재충전할 수 있는 방법으로 여행이나 독서, 취미활동, 교육 등을 통해 자신의 정신과 마음의 안정을 취하여 치유와 성찰할 수 있는 시간을 충분히 갖고 긍정적인 사고로 전환하도록 노력하여야 한다.

셋째 계획적인 일상의 목표를 설정해야 한다. 규칙적인 직장생활에서 바쁜 일상을 보내다 갑자기 은퇴하게 되면 주체할 수 없는 시간을 어떻게 활용하는 것이 고민이다. 매일 아침 정시 출근하여 일과 직장 중심의 생활 리듬에서 가정 중심으로 이동하게 되는 일상의 변화로 남아도는 여가시간을 활용할 수 있는 계획적인 일상과 삶의 목적을 세우는 것이 선행되어야 한다. 이를 위해 하루 일과표를 작성하여 오전과 오후, 주간 일정과 월별 계획, 그리고 연중 목표로 자격증 취득, 해외여행, 자서전 발간 등을 정하여 실행하게 되면 시간활용에 걱정할 필요가 없다.

넷째 사회적 관계 변화에 재설정이 필요하다. 사회적 관계의 중심 축이 직장에서 가정으로 변화되고 대인관계의 중심도 직장동료에서 배우자, 가족, 친구로 변하게 된다. 은퇴 후 일반적으로 사회적 관계에서 형성된 인적교류 네트워크는 거의 사라지게 된다. 재취업을 해서 새로운 일터에서 맺어진 인간관계가 형성될 경우는 다르지만, 그렇지 않은 경우는 행복한 은퇴 생활을 하기 위해서는 사회적, 정신적 교류를 통해 취미생활도 함께하고 우정을 나눌 수 있는 두세 명의 친구나, 서로 마음을 이해하고 잘 통하는 옛 직장 동료와의 정기적인 만남을 통해 관계 재설정이 필요하다. 아울러 사회에서 고립되지 않도록 은퇴자를 위한 지역사회 커뮤니티 센터, 지역 자원봉사 단체, 지역 평생학습센터에 참여하여 새로운 인적 관계 형성을 위한 노력도 중요하다.

다섯째 경제적 변화에 새로운 소득원을 찾아야 한다. 일반적으로 은퇴 후에는 은퇴 전에 비해 소득이 절반 이상 줄어들지만 지출은 줄이기가 어려운 것이 현실이다. 또한 기대 수명이 연장되는 상황에서 노후자금에 대한 불안감이 커지면서 경제적 어려움이 예상되는 것이다. 더구나 노후대비 병원비 지출이 늘어나고, 자녀 결혼자금이나 교육비 지출에 따른 비용도 감안하면 경제적 어려움을 극복하는 것이 최우선 순위에 있다고 본다. 이에 따라 연금만으로는 노후 자금이 부족하므로 여유 있는 노후생활을 유지하기 위해서는 재취업 등을 통해 새로운 소득원을 창출하여야 한다.

여섯째 부부관계의 변화로 서로 이해하고 존중하는 마음이 중요하다. 은퇴하면 직장에서 가정으로 돌아오지만 부부 은퇴관이 서로 다르다. 남자의 경우는 가장으로서의 책임감과 앞만 보고 달려

온 직장생활로 인해 힘들고 스트레스를 받고 살아왔기에 은퇴 후에는 집에 들어와 쉬고 싶어 한다. 그러면서 아내와 함께 노후를 보내고 싶어 하면서, 소도시 전원생활을 동경하고, 부부와 함께 여행 다니며 시간을 보내려고 생각한다. 그러나 여자의 경우는 그동안 남편과 자녀들을 위해 배우자로서 헌신하고 뒷바라지만 하여 가족으로부터의 짐을 내려놓고 친구들과 어울리며 취미활동을 하고 싶어 한다. 또한 사는 주거지도 남자와 달리 수도권이나 대도시의 아파트에 살면서 문화생활을 즐기며 남편보다 친구들과 어울리면서 노후를 보내고 싶어 한다. 이러한 생각의 차이를 극복하기 위해서는 부부간의 대화와 소통, 이해와 존중, 그동안 고생하면서 행복했던 추억을 생각하고, 서로 의지하면서 노후를 준비하는 자세가 부부간의 갈등을 줄이고 행복을 찾아가는 길이다.

[붙임]

[은퇴 준비지수 체크리스트]

①	정기적으로 건강 검진을 받고 있다 (당뇨, 천식, 고혈압, 고지혈증 등 성인병 질환의 수치 체크 여부)
②	질병과 사고를 대비하여 보험에 가입되어 있다 (암, 중풍, 심장병 등 질병과 입·통원비 보장 여부)
③	노후에도 꾸준히 즐길 만한 취미가 있다
④	배우자와 취미를 공유하고 있다 (같은 취미활동, 여행, 외식 등 동반 외출 여부)
⑤	자녀와 많은 대화를 하고 있다
⑥	마음을 털어놓을 친구가 있다
⑦	최근 1년간 동호회, 동창회, 향우회 등 모임 활동을 자주 갔다
⑧	제2의 일을 모색하는 등 나름의 준비가 되어 있다
⑨	연금을 제외하고 노후 자금으로 활용할 수 있는 금융자산을 가지고 있다
⑩	사회적 관계, 여가, 소득과 자산 등 은퇴 후 어떤 삶을 살 것인가를 구체적으로 계획하고 있다

[은퇴 준비지수 체크리스트 결과]

5개 미만	- 은퇴 준비에 대한 인식과 준비가 부족 - 은퇴 필요 요소인 건강, 친구, 취미, 자금, 일 등에 적극적인 관심과 노력이 필요
5개 이상	- 어느 정도 양호한 상태이지만 실천력이 떨어짐 - 아직 노력해야 할 부분이 많음
7개 이상	- 이상적인 유형으로 은퇴 이후의 삶을 적극 개척할 가능성이 높은 유형

열심히 일한 당신, 여행을 떠나라

은퇴 직후 가장 필요하고 우선해서 해야 할 일은 여행이다. 그동안 직장 생활하면서 받은 온갖 스트레스를 날려버리고, 홀가분한 마음으로 떠나는 여행은 여행자에게 정신적인 휴식과 기분전환을 가져다 준다. 직장인은 할 수 없고 은퇴자만이 누릴 수 있고, 휴가와 관계없이 자유롭게 떠나는 여행이다. 여행은 오랜 직장생활로 지쳐있는 심신에 휴식을 주고, 현재의 자신을 되돌아보면서 앞으로 제2의 삶에 대한 탐색 시간으로 삼기에 매우 유용하다.

그러므로 퇴직자들은 익숙한 곳이든 낯선 곳이든 무작정 여행을 떠나기를 권한다. 혼자도 좋고, 배우자와 함께라면 더욱 좋다. 여행에서 꼭 무엇을 목표로 하지 않더라도 자신에게 휴식 시간을 선물로 주는 것만으로도 효과가 있다. 그래서 여행은 훌륭한 스승이라고도 한다. 어디를 가든 항상 새로운 것을 배울 수 있고, 일상에선 경험할 수 없는 휴식을 통해 삶의 자극과 신선함, 즐거움을 주어 은퇴 생활로 인한 의기소침해질 수 있는 마음을 재충전할 수 있는 에너지와 활력을 불어넣어 준다.

또한 여행지의 자연적인 풍광과 자연을 바라보며 지금까지의 내 삶을 돌아보거나 성찰하면서 반추해볼 수도 있다. 그 지역의 음식,

특산물, 관광지, 현지 사람들의 낯선 생활 모습 등 다양한 눈요깃거리들은 은퇴자들에게 더없이 편안하고 즐거운 여가 활동을 선사한다.

여행은 나의 삶뿐만 아니라 다른 사람의 삶을 엿볼 수 있고, 그리고 세상 보는 눈과 마음을 넓힐 수 있으니 여행만큼 좋은 인생 공부도 없다. 세상 보는 눈이 넓어지면 삶을 바라보는 태도도 달라진다. 특히 그동안 가정과 직장을 오가면서 수많은 일과 사람들을 만나면서 관계를 형성하면서 육체와 정신이 고달프고, 치열한 경쟁 사회 속에서 스트레스를 받을 수밖에 없는 지난날들을 잠시라도 잊어버리게 하는 계기도 된다. 또한 삶이 얼마나 좋은 것인지 모르고 있던 자신을 일깨워 아주 새로운 일들을 계획할 수 있게 해준다. 시야가 넓어져 여행에서 돌아오면 더 많은 기회와 할 일들이 자신을 기다리고 있을지도 모른다.

여행을 좋아하지만 그 동안 시간이 없고, 때로는 피곤해서 떠나지 못했던 사람이라면 가진 돈을 여행에 아낌없이 쓰는 것도 좋다고 본다. 재직시절에 가족과의 여행은 자녀들과 추억을 만들기 위해 의무감으로 실시했다면 은퇴 후 여행은 나를 위한 위로와 되돌아보는 계기가 된다.

이미 평범한 여행지를 많이 다녀본 은퇴자라면 색다른 여행 경험을 줄 만한 곳으로 떠나는 것도 의미가 있다. 건강하고 재정적으로 여유가 있는 사람은 모험적인 여행을 도전해보는 것도 평생 잊지 못할 여행일 수도 있다. 요즈음은 코로나(covid-19)로 인해 국내뿐만 아니라 세계여행을 하는 것도 국가별 방역체계에 따른 제약과 어려움이 있다. 그러나 국내를 여행할 수 있는 제주도나, 울릉도 등 주요 관광지들을 안전하고 편안하게 다녀올 수 있는 장소를 찾아서 여행을 할 수가 있다.

미국의 모험 여행 잡지 편집인 조 로빈슨(Joe Robinson)은 "여행의 즐거움은 방랑에 있다"고 말하였다. 18세기 프랑스 작가 안느 소피 스와친느(Anne Sopia Swachine)는 "여행은 중요한 세상사의 사소한 부분이기도 하지만, 사소한 세상사의 중요한 부분이기도 하다"라고 하였다. 복잡한 도시의 삶을 살다 보면 머리를 맑게 하기 위해 필요한 시기가 반드시 찾아온다. 특히 은퇴자들은 여행을 통해 과거의 삶을 되돌아보고 미래의 삶을 설계할 고즈넉한 자연 속에서 혼자만의 시간을 보내는 것도 필요하다.

누구에게나 솔직해질 수 있는 게 여행의 매력이다. 삶의 집착, 스트레스, 불안 등 마음의 공허감을 덜어내고 새로운 걸 다시 채우기 위한 여정, 얼마나 행복한 일인가? 낯선 여행지에서 새로운 사람들과 어울려 이야기를 나누면 친구가 된다. 은퇴자들이여! 지금 여행을 떠나라, 아름다운 자연의 품에서 색다른 환경과 문화를 경험하며, 자신의 삶을 재충전하고 인생 후반전을 설계할 수 있는 소중한 시간을 만들 수 있다. 필자의 공로 연수 기간 중에 제주에서 한 달 살기 여행내용을 11장에서 소개한다.

나만의 공간(agit)을 만들자

은퇴한 남자들의 로망이 자신만의 공간을 가지는 것이다. 은퇴자들이 직장을 떠나자마자 달라지는 것 중 하나가 아침에 일어나자마자 갈 곳이 없다는 것이다. 은퇴 전 평소 직장생활 같으면 아침 6시에 일어나서 씻고 간단히 먹고 출근 준비하느라 정신이 없다고 할 정도로 시간에 쫓기고 살았다. 출근하는 목적이 있어 사무실에 도착하자마자 하루 일과가 시작되고, 맡은 업무를 처리하다 보면 하루가 어떻게 지나가는 줄 모르고 바쁘게 움직이면서 지내왔다. 직원들과의 회식이나 친구들과의 모임이라도 있으면 저녁 먹고 집으로 들어가는 것이 일상이고 행복이었다.

그러나 은퇴 후에는 일어나도 갈 곳이 없어 한참 생각하고 나서, 일할 직장이 사라져 할 일이 없으니 출근할 필요가 없다는 것을 깨닫게 되어 TV를 자동적으로 켠다. 출근할 곳이 없다고 매일 집에만 있을 수 없다. 라이프 스타일이 바뀜으로써 여가시간이 많으니 등산도 하고, 취미생활도 즐기며 시간을 보낼 수 있다. 은퇴 생활 20년 이상을 넘게 매일 규칙적으로 등산이나 취미생활만 하고 보내기에는 너무 지루하고 삶의 의미마저 찾을 수 없게 되어 소외감과 무료함이 더할 수 있다.

따라서 자신만이 편하게 이용할 수 있는 쉼터, 즉 나 자신을 돌아보고 휴식하고 나름의 취미활동이나 일을 할 수 있는 공간으로 아지트(agit)가 필요하다. 카페에 가서 앉아 있는 것도 하루 이틀이다. 매일 같이 카페로 출근하는 것도 사장님이 말은 하지 않아도 젊은 사람들보다 나이 먹은 어르신이 앉아 있으면 싫어할 것이다. 그래서 자기계발을 위한 공부나 독서, 취미생활 공간, 가까운 지인이나 친구들과 그냥 시간을 보내면서 담소할 수 있는 최적의 장소가 필요하다.

재정적으로 여유가 있으면 집에서도 멀지 않고 교통이 편리한 곳, 일상생활에 불편하지 않는 곳으로 세컨드 하우스나, 전원주택, 아니면 사무실을 임대하여 평소 출근하던 것처럼 일상을 보내면 좋다. 그러나 재정적 여유가 없을 경우 공유사무실, 공공도서관 또는 대학도서관, 지역 평생학습센터 등은 적은 비용 또는 무료로 편하고 쉽게 이용할 수가 있다.

어느 심리학과 교수의 말에 의하면 공간이 인간의 정신을 지배하는 것으로 장소가 중요하므로 공간적 존재라고 하였다. 즉 사람을 바꿀 수는 없다. 그러나 공간을 바꾸면 사람을 바꿀 수 있다는 것이다. 인생을 바꾸려면 공간을 바꿔야 한다. 공간은 인생의 삶의 시작이자 삶의 끝이다.

인생관을 확 바꿔야 한다

은퇴를 맞이하는 50대 중후반부터는 신체적 변화, 심리적 변화, 경제적 변화, 여가시간의 변화, 그리고 배우자도 변한다. 이러한 변화의 바람에 부닥치게 될 수밖에 없는데, 은퇴 후 변화에 어떻게 적응해야 하는가? 즉 나이가 듦에 따라 모든 것이 변하는 생에 대해 새로운 인생관을 확 바꿔서 살아야 한다. 바야흐로 100세 시대이기 때문에 인생의 전환점을 맞이하면서 과거의 현역 시절처럼 경쟁과 의욕보다는 한 발 물러서서 분수에 맞는 행동과 자세로 마음을 내려놓을 때 편안하고 자유로워질 수 있다.

은퇴 후 새로운 생활을 하게 되면 신체적 변화로 나이가 든다는 것을 실감하게 된다. 그 느낌은 노안에서 시작되어 시력의 변화에서 시작한다. 55세부터는 수면시간이 감소되고, 수면 효율도 떨어진다. 특히 뇌의 노화로 기억력은 물론 판단력, 공간 지각 능력까지 떨어져 일상생활에 불편함이 조금씩 늘어나게 된다.

또한 심리적 변화로 사회에서 인정해주는 명함, 직함이 없어져 상실감이 발생한다. 은퇴 이후 사회활동의 감소로 인한 자신감의 위축은 내면적 활동에 집중하게 되어 우울증으로 이어갈 수 있다. 여기서 끝나지 않고 사회관계의 변화로 인해 일과 직장을 중심으로 구성되었던 생활리듬이 가정과 이웃으로 변화하고, 관계의 중심이 직장 동료에서 배우자, 가족, 친구, 취미활동으로 맺어진 커뮤니티 등으로 변화한다.

경제적 변화도 동반한다. 은퇴 후는 은퇴 전보다 대부분 소득이 감소하지만 소비지출도 감소한다. 은퇴 전 소득의 대부분은 근로소득이나 사업소득이지만 은퇴 후의 소득은 이전소득이나 자산소득이 대부분으로 경제적 활동에 많은 지장을 받게 된다.

은퇴 이후 가장 큰 변화요인 중 하나가 시간에 대한 변화이다. 따라서 시간 관리 즉 여가시간의 활용은 사람들이 가장 관심을 두는 분야이기도 하다. 평생을 쉴 틈 없이 앞만 보고 달려온 은퇴자들이 취미생활이나 여가 활동을 거의 해보지 않아서 막상 은퇴 후 많은 자유시간을 보내는 것을 부담스러워하고 있다. 그래서 한국인의 은퇴 이후 삶은 자아실현을 성취하는 시간의 즐거움을 주는 것이 아니라, 주체할 수 없는 남는 시간을 보내는 것이 고통스러운 일이기도 한다.

마지막으로 부부관계에 있어서 배우자의 변화에 적응하는 법도 알아야 한다. 정년 후 은퇴자들이 함께 가장 시간을 많이 보내는 사람이 배우자라는 점에서 은퇴 생활의 행복은 부부 관계의 질에 따라 결정된다고 한다. 은퇴 전과 후의 환경 변화는 남편과 아내 모두 겪게 된다. 오랫동안 조직형 인간으로 활동하면서 살아온 남편이 은퇴 후 갑자기 집에서 쉬면서 노화 증세를 보이거나, 집 안에서 답답한 생활로 인하여 자주 부부 갈등이 생겨 황혼이혼으로 이어질 수 있다. 은퇴 후에 대한 희망과 기대치가 남편은 남편대로, 아내는 아내대로 서로 다르기 때문에 이러한 차이를 인정하고 적극적으로 변화에 적응하여 노력하는 자세가 필요하다. 행복한 부부관계를 위한 논의는 10장에서 자세하게 다루고 있다.

은퇴 시점에서 직면하여 변화하는 시대를 맞이하면서 그동안 평생 지켜온 인생관을 확 바꾸는 것은 쉬운 일은 아닐 것이다. 60세를 넘으면 서서히 혼자 있는 시간이 늘어난다. 건강도 나빠지면서 밖의 활동도 줄어들어 친구들과 교제하는 일도 점점 줄고, 자녀들이 독립해서 가족 인원도 줄어든다. 나이 들수록 심리적으로 불안하여 감정을 억제하기 어려워진다.

이렇게 여러 가지 변화를 겪으면서 많은 사람들이 은퇴 이후 삶을 인생의 전환기라고 한다. 이 시기에는 이제껏 추구해왔던 인생의 목적이나 가치가 흔들리면서 혼란을 맞이하게 된다. 따라서 퇴직 이후는 자존심, 경쟁심, 불필요한 사람과의 관계, 부정적인 감정 등을 내려놓고 오직 나를 위해 아름답고 행복한 인생 후반전을 보내기 위해 새로운 인생관으로 확 바꿔야 한다.

다음은 은퇴 후 변화 적응에 성공한 사람들의 사례를 소개하고자 한다. 첫 번째 주인공은 『나는 퇴직이 두렵지 않다(저자 강창희 외)』에 소개된 초등학교 교장에서 이용사로 변신한 내용이다. 그는 노후에 연금을 받으며, 작은 텃밭을 일구고 취미생활을 즐기며 유유자적한 후반 인생을 꿈꾸었다. 부부가 교장으로 퇴직하였기에 부부는 연금만으로도 노후 걱정 없이 보낼 수 있는 여건을 갖추었다. 그런데 막상 퇴직을 하니 그게 아니었다. 1년간 전원생활을 하며 얻은 교훈은 '죽을 때까지 일을 해야겠다'였다. 그래서 60세의 늦은 나이에 이용 기술을 배우기 시작했다. 이용원을 열어 본격적인 제2의 인생을 시작했다. 퇴직 후 막상 할 일도 갈 곳도 없는 정년 이후 그는 일상의 모든 재미를 잃었다.

그러던 중 우연히 동네 모퉁이의 이용원에서 80세쯤 된 백발의 이용사를 보고 큰 변화를 맞이했다. 두 다리에 힘만 있으면 평생을 저 어르신처럼 일할 수 있겠다는 생각이 들었기 때문이다. 다른 사람의 용모를 다듬어 기분을 좋게 해주는 의미 있는 일이라는 생각도 들었다. 그날로 이용 학원에 등록하여 3차례의 도전 끝에 이용사 자격증을 취득하여 이용원을 개원했다.

"저에게도 쉬운 결정은 아니었어요. 굳이 궂은일을 왜 하려고 하냐며 말리는 분들도 많았죠. 아내는 지금도 크게 반겨주지는 않아요." 경제적으로 어려움도 없는데 굳이 사서 고생한다고 주변의 반대도 있었지만, 하지만 나를 위해, 다른 사람을 위해 봉사하고자 하는 마음이 있었기에 시작할 수 있었다. 기술을 배우는 것도 어려웠지만 이용원 개업을 위한 과정도 도전의 연속이었다.

"퇴직을 하고 새로운 일을 하며 느낀 점은 '일'이 돈을 벌기 위한 것이기도 하지만 고독을 견디는 수단이라고 봅니다. 돈만 있다고 행복하지는 않아요. 자신을 위한 공간에서 할 수 있는 일이 있다는 것이 노후가 즐거울 수 있는 최고의 방법이라고 생각합니다.”

두 번째 이야기 주인공으로 금융맨에서 여행 전문가로 변신한 회장의 사례를 소개하고자 한다. 은퇴 후 많은 사람들이 '여행'을 꿈꾸며 산다. 무료한 일상에 주어지는 선물 같은 특별한 의미가 있다.

그동안 365일 일만 생각하며 치열하게 살아왔던 금융맨 친구들의 여행을 돕는 여행 전문가가 된 것이다. 퇴직 후 동문 카페에 여행 모임 '여유회'를 만들어 방방곡곡 여행을 다닌 지도 10여 년이 훌쩍 넘었다.

은퇴 후 여행 전문가가 되겠다고 미리 계획을 세우고 시작했던 일은 아니다. 그는 30년 가까이 직장생활을 하며 은퇴 후에 시간과 여유가 있으면 여행이나 해볼까 정도의 막연한 생각만 했을 뿐이다. 아마 아버지께 물려받은 여행 DNA의 영향이 어느 정도 있지 않았나 싶었다. 젊은 시절 만주에서 살다 해방 후 고향에 정착하신 아버지는 그 시절 우리 형제를 데리고 종종 여행을 다니셨다.

"나에게는 여행은 '대책이 있는 일탈이다' 사는 게 힘든 사람도 조금의 여유가 생기면 여행을 꿈꾼다고 하잖아요. 그만큼 뻔한 일상을 탈출해 새로운 경험을 할 수 있다는 게 값진 것이겠죠." 특히 그의 경우에는 직장생활을 할 때는 일과 회사에만 집중하며 무한 경쟁을 해야 했던 것이다. 자연스레 부부간의 대화가 줄어들고 주로 필요에 의한 대화만 나누게 된다. 은퇴 후에 함께 여행을 하며 비로소 부부가 서로를 온전히 이해할 수 있는 시간을 얻게 되었다. 그래서 여행을 통해 서로에게 서운했던 감정도 치유할 수 있었고 소통의 방법도 배웠다고 한다.

　세 번째 이야기 주인공은 도서관 사서로 평생을 일하다 은퇴한 후 번역가로 변신한 내용으로 동아일보에 기사화된 사례를 소개하고자 한다. 주인공은 은퇴 후에도 시간은 많아졌고, 체력도 건강하였다. 친구들과 수다 떠는 일로 여생을 보내고 싶진 않았다. 뒤늦게 공부를 시작하고자 한국방송통신대학교에서 영어영문학과, 중어중문학과, 프랑스언어문화학과, 일본학과의 과정을 마쳤다. 번역가 양성학원도 다닌 덕에 이젠 번역가라는 제2의 직업을 얻었다. 지금까지 번역한 책만 약 20권에 달하고, 최근 에세이 『카페에서 공부하는 할머니』를 펴냈다.

　사실 그녀는 일을 좋아했지만 50대가 되자 슬슬 은퇴 이후의 삶이 고민됐다는 것이다. 그때 찾은 게 외국어 공부였다는 것이다. 총 8년 동안 한국방송통신대학교에서 학사 학위를 4개를 취득했다. 그리고 은퇴 전부터 문화센터에서 운영하는 번역가 양성학원도 다녔다. 그녀는 아침에 남편과 아이들이 밖으로 나가면 하루 내내 집에 사람이 없지만 은퇴한 본인은 카페로 출근하였다. 카페 창가에 앉아 매일 3, 4시간씩 공부를 하거나 번역 업무를 하였다. 은퇴 후 '집순이'에서 출근하는 '직장인'으로 전환하기 위해 오늘은 어느 카페를 갈지 정한 뒤, 외출복으로 갈아 입고 골목길에 있는 카페의 한 구석을 차지하여 앉으면 자신의 방이 된다는 것이다. 이젠 강연회에도 불러갈 정도로 번역가로 커리어를 쌓았다.

새로운 시작! 행복한 채움

인사혁신처의 퇴직공무원 전직지원 컨설팅사례모음집에 발표된 내용을 근거로 요약하여 정리하였다. 사례 주인공은 퇴직하기 1년 전부터 내가 하고 싶은 것이 무엇인지를 생각했었고, 그것을 꼭 실천하려 했다. 퇴직 후에 취미활동, 새로운 일 도전, 사회봉사 활동, 이 세 가지를 하면서 제2의 인생을 살고 싶었다.

첫 번째, 그림을 배우고 싶었다. 대학 진학 시 미대를 가고 싶었으나 부모님의 반대로 못 간 것이 늘 마음속에 남아 있었다. 그래서 퇴직 후 지금까지 계속 미술학원에서 서양화를 그리고 있다. 그림 그리는 시간은 나에겐 행복한 시간이고, 꾸준히 배워서 작품활동도 할 계획이다.

두 번째, 나에게 만족감을 주는 새로운 일을 찾아 사회활동을 하고 싶었다. 100세 시대에 접어들면서 퇴직 후 아무런 활동도 하지 않고 살아간다면 남은 40~50년은 너무 힘들 것 같았다. 은퇴 후의 삶은 어떤 의미에서는 새로운 도약이라고 생각한다. 수입 여부를 떠나 나에게 만족감을 주는 일을 찾고 싶었다. 은퇴 설계 강사 자격증을 취득하여 강연을 하면서 은퇴하신 분, 은퇴 예정인 분들을 만나 이야기하고 소통하는 것이 즐거웠다. 그러던 중 강사 동호인

지인의 추천으로 송파지역에서 부모교육 소그룹강연을 하게 되었다. 처음 하는 부모 자녀교육은 내가 교육현장에서 30년 동안 아이들 교육을 경험한 사례를 토대로 이야기했는데 반응이 좋았으며 부모들도 도움이 되었다고 하니 너무 기뻤고 보람 있었다.

세 번째, 퇴직 후 봉사활동을 하고 싶었다. 직장 다닐 때는 마음의 여유가 없어서 못 했지만 내가 할 수 있는 작은 봉사라도 꼭 하고 싶었다. 그래서 여성친화도시 봉사단 모집에 신청하였고 구청장님으로부터 위촉을 받아 내가 사는 지역의 환경과 시설에 대해 모니터링 봉사활동을 하고 있다. 지역의 환경이나 시설을 돌아보고 제안 사항, 개선점 등을 팀원들과 협의하여 구청에 모니터링을 하는 활동이다. 봉사하면서 사람들과 만나며 많은 것을 배우고 내가 사는 지역에 관심을 가지고 서로 협력하여 개선해나가는 활동을 하는 것으로 큰 만족감과 보람을 느낀다. 퇴직 후 인생은 개인의 삶의 지향점을 향한 자신의 노력으로 만들어진다고 생각한다. 직장생활 할 때는 주로 같은 분야에 있는 사람들을 만났지만, 퇴직 후에는 다양한 분야에 있는 사람들을 만나서 인적 네트워크를 형성할 수 있도록 노력해야겠다.

그렇게 하기 위해서는 긍정적이고 적극적인 대인관계가 필요하다. 은퇴 후 취미생활, 일, 봉사활동 등 많은 사회 참여 활동으로 제2의 인생을 즐기는 것이 중요하다고 생각한다.

2장

성공적인

후반전의

인생 설계

단계별 은퇴 계획을 세우자

나이 정년으로 인하여 은퇴를 하거나 개인 사정에 의하여 직장을 그만 두려고 생각하고 있다면, 스스로 무엇을 할 것인지를 고민하면서 자신의 새로운 삶을 어떻게 설계할 것인지 생각을 많이 하게 된다. 퇴직을 하게 되면 현 직장생활 모습보다는 낫다는 생각을 할 수 있는 반면, 제대로 계획했던 일들이 잘 풀리지 않을 경우 오히려 경제적 어려움에 부딪칠 수 있다.

은퇴를 준비하고 있다면, 단계별(STEP) 은퇴준비를 함으로써 행복한 인생 후반전을 맞이할 수 있다. **먼저 1단계(STEP1)는** 은퇴 2년 전에 해야 할 일로 나의 은퇴준비 수준을 파악해야 한다. 은퇴수준을 파악하고 나의 은퇴준비도는 어느 수준인가를 알아보기 위해 은퇴준비도 진단표(붙임 참조)를 항목별로 확인해보는 것도 도움이 된다. 점수가 86점 이상이면 노후 준비 필요성 인식이 높은 편이고, 점수가 74~85점이면 노후 준비 필요성 인식을 가지고 있다고 본다. 그리고 자기 탐색을 위한 심리검사를 활용하는 방법도 있다. 이를 통해 좋아하는 활동, 관심 직업, 선호 분야 탐색, 자신의 직업가치관 확인을 통한 적합한 직업 분야 선택, 자신의 성격과 핵심역량을 파악하여 자기소개서 작성·활용, 창업 희망 시 창업역량 및 소질을 파악하여 가장 적합한 업종을 탐색하여 자신만의 브랜드를 구축하면 된다. 고용노동부에서 실시하고 있는 워크넷(www.work.go.kr) 직업심리검사도 있다. 이는 자신의 직업 선호도 검사, 구직 준비도 검사, 창업 적성 검사, 직업 가치관 검사, 준고령자 직업 선호도 검사, 중장년 직업역량 검사 등이 있다. 그 밖에도 개인의 지능별 순위·특징 분석 및 직업군 제시 등 자기 강점 지능으로 진로를 탐색하는 다중지능검사(mutiiqtest.com)가 있다.

2단계(STEP2)**는** 은퇴 1년 전에 해야 할 일로 일자리를 알아보는 정보탐색이다. 제2의 인생을 자유롭고 성공적인 지역사회로 데뷔하기 위해서는 주요 지자체 일자리 지원 기관과 행사 및 커뮤니티 정보를 공유할 수 있는 홈페이지 및 연락처, 공무원연금공단에서 운영하며 은퇴공무원뿐만 아니라 일반인들도 참여할 수 있는 G시니어 종합포털(www.geps.or.kr) 등을 알아둘 필요가 있다.

나를 위한 은퇴 준비를 위해 자신을 돌아보고 이해하는 소중한 시간이 필요하다. 예를 들어 걸어온 길, 해왔던 길, 하고 싶었던 것, 우선적으로 추구하는 것이 무엇인지 자신에 대한 이해의 시간 갖기, 자신의 보유자원 파악(자격증, 교육, 사회적 기반, 직무 전문성 등), 자신의 강점 및 역량 파악, 가치관, 이미지, 성격, 흥미, 일에서 얻은 성과 등 객관적으로 나를 바라본다. 그리고 일을 바라보는 시각과 태도 변화하기, 은퇴 전 삶의 방향에 대한 의사 결정하기, 구체적인 은퇴 준비 계획 설계, 경력 목표 설정, 선배들의 재취업 노하우

습득 등을 알아본다.

3단계(STEP3)는 은퇴 직전에 두려움 없이 은퇴를 맞이하는 실행 단계이다. 은퇴 후 연착륙과 성공적인 인생의 전환을 위한 출발 단계로 나의 건강 상태, 가족관계에 있어서 위치나 역할 등 현실을 직시하여야 하며, 성공적인 재취업을 위해 꾸준히 관련 분야 경험을 쌓거나 체험하여 느끼고 행동할 수 있는지 마음 자세가 있어야 한다. 더 나아가 자격증 취득을 통한 전문역량을 강화하고, 관심분야 평생교육으로 일할 수 있는 여건을 갖춘다. 더불어 그동안 사회생활에서 쌓아온 소중한 사람들과 꾸준하게 소통하여 인연을 관리할 필요가 있다. 또한 사회공헌에 관심이 있다면 공무원연금공단의 G시니어 종합포털, 행정안전부의 1365자원봉사포털, 한국국제협력단의 KOICA봉사단 등을 이용할 수 있다. 귀농·귀촌에 관한 정보는 농촌진흥청의 농업기술 종합포털 농사로, 농림수산식품교육문화정보원의 귀농귀촌종합센터나 농업교육포털, 한국농어촌공사의 웰촌 등 다양한 귀농·귀촌 정보들을 이용하면 된다.

전문인 양성과 기술인력양성의 기관으로 자격증 취득을 위한 사이트로는 한국산업인력공단의 큐넷, 고용노동부의 HRD-Net, 한국폴리텍대학, 서울시 기술교육원, 대한상공회의소의 인력개발원 등이 있다.

4단계(STEP4)는 은퇴 이후 민간사회 진출을 하기 위한 제2의 인생의 새로운 도전 단계이다. 안정된 직장에서 생소한 회사의 새내기로 출근하기 위해서는 은퇴관련 책을 읽으며 지식과 정보를 얻고, 인맥활용이나 취업박람회 등에 참여한다. 재취업 관련 일자리 정보는 고용노동부 워크넷과 시니어를 위한 장년 워크넷, 서울시 50플러스 포털 등에 관심을 가지고 있어야 한다.

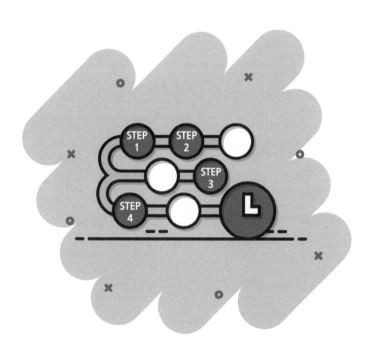

[붙임]

[은퇴준비도 진단표]

문항	내용	매우 그렇다 (4점)	그런 편이다 (3점)	그렇지 않은 편이다 (2점)	전혀 그렇지 않다 (1점)
1	나는 배우자와 인생의 동반자로 살아왔다				
2	나의 자녀는 자신의 역할을 잘 하고 있다				
3	나는 자녀와의 관계가 좋다				
4	나는 양가의 부모님께 도리를 다하고 있다				
5	나는 자녀나 손자녀로부터 존경을 받고 있다				
6	나는 즐겁고 편안한 친구나 이웃이 있다				
7	나는 가치 있는 일을 충분히 더 할 수 있다				
8	나는 친목을 위한 정기적인 모임이 있다				
9	나는 즐겁고 흥미롭게 할 수 있는 취미가 있다				
10	나는 스스로 의식주 생활을 잘 해낼 수 있다				
11	나는 노후를 위한 경제계획을 가지고 있다				
12	나는 안정된 주거공간을 가지고 있다				
13	나는 자립할 수 있는 경제력이 있다				
14	나는 가족들과 노후에 대해서 허심탄회하게 이야기 한다				
15	나는 자녀들에게 최소한의 노후보장을 당당하게 요구할 수 있다				
16	나는 노후를 유료양로원이나 실버타운에서 보낼 수도 있다				
17	나는 타인들과 의사소통이 잘 되는 편이다				
18	나는 꽤 괜찮은 사람이라고 생각한다				
19	나는 매력적인 사람이라고 생각한다				
20	나는 현재 생활방식에 만족한다				

21	나는 지난 일들이 마음에 걸리지 않는다				
22	나는 마음의 여유가 있다				
23	나는 감정을 조절할 수가 있다				
24	나는 충분히 새로운 것에 대한 열정이 있다				
25	나는 현재 건강을 잘 유지하고 있다				
26	나는 신체적 노화에 대해 긍정적으로 생각한다				
27	나는 앞으로의 내 생활의 모습을 그릴 수 있다				
28	나는 앞으로의 삶이 확실하고 희망적이다				
	소계				
	총계				

총점 86점 이상 : 노후준비 필요성 인식 높음
총점 74~85점 : 노후준비 필요성 인식

(출처 : 인사혁신처 한 손으로 끝내는 퇴직준비)

삶의 목적을 정하자

바쁘게 일에 매달리던 삶에서 여유로운 삶으로의 이행, 멋지지 않은가? 행복한 은퇴를 위한 두 가지 필수요소는 적당한 생활자금과 분명한 삶의 목적이다. 당신은 자신을 끊임없이 바쁘게 만드는 관심사나 취미, 여가 활동, 자금을 갖고 있을 것이다. 하지만 은퇴를 만족스러운 것으로 만들려면 이런 활동만으로는 충분하지는 않다. 제일 중요한 것이 삶의 목적을 세워야 한다. 아일랜드 소설가이자 노벨문학상 수상자인 조지 버나드 쇼(George Bernard Shaw)는 은퇴에 대해 "끊임없이 계속되는 휴일이란 지옥이나 다름없다"라고 말했다. 쇼의 발언은 맞는 말이다. 반대로 자신의 삶에 어떤 목적을 가진 사람들에게 은퇴는 천국이라고 할 수 있다. 이때의 목적은 개인의 사명, 진정한 천직, 또는 열정적으로 추구하는 일이 될 수 있다. 은퇴자들이 기꺼이 찾으려고만 한다면 목적을 찾을 수 있다. 그러나 동기가 결여된 사람들은 은퇴에 목적을 부여하지 못한다.

그렇다면 은퇴 생활에서 삶의 목적이 필요한 이유는 무엇인가? 보통 은퇴 전에 어떤 직업을 가졌느냐에 따라 은퇴 후 어떤 목적을 추구할 수 있을지 예측할 수 있다. 특히 교육수준이 높고 책임감과 성취감이 높은 은퇴자들은 자신의 삶을 더욱 풍부하게 해줄 일을 찾는 경향이 높고, 아무 일을 하지 않거나 TV를 보고 시간을 소비하는 것에 대해서는 만족을 느끼지 못한다는 것이다. 교육수준과 성취감이 높은 은퇴자들은 도전의식, 목적의식, 성취감 따위를 줄 수 있는 활동을 기대한다. 한 연구에 따르면 은퇴자들 중 행복하고 만족하다고 느끼는 사람들일수록 삶의 목적과 의미가 더 강화되고 있다는 것이다. 또한 은퇴 생활에 있어 목적이란 진정한 자아를 표현하는 활동을 추구하고 이를 직접 실행에 옮기는 것을 말한다.

　모든 은퇴자가 자신의 목적을 발견하기란 쉽지 않다. 많은 개인들이 물질적 부, 지위, 경쟁, 낭비적 소비와 같은 피상적인 일을 추구하는 데 초점을 맞춤으로써 결국 중요한 목적을 잃어버린다는 것이다. 따라서 자신이 진정 누구인지 발견하는 것이 중요하다. 목적은 자신의 내면세계에서 발생하기 때문이다. 그 목적이란 결국 자신에 마음속에서 우러나는 사명, 진정한 천직, 열정적 추구이다. 그리하여 삶의 목적을 찾으려면 자신의 내면 욕구를 탐구할 시간을 가지고 고민해야 한다. 삶의 목적을 발견하기 위해 스스로에게 다음 사항들을 하나씩 물어보고 답을 노트에 적어보자.

- [ ] 내게 중요한 것이 무엇인가?

- [ ] 나를 행복하게 만드는 것이 무엇인가?

- [ ] 유년시절, 나를 행복하게 했던 일로서

  다시 해보고 싶은 일은 무엇인가?

- [ ] 가장 자랑스럽게 여기는 재능이나 능력은 무엇인가?

- [ ] 늘 새롭고 흥미롭게 나를 자극하는 것이 무엇인가?

- [ ] 어떤 일에 자신이 가장 창조적이라고 느끼는가?

- [ ] 직장에서 열심히 일하는 동안 무시했던

  특별한 재능은 무엇인가?

- [ ] 항상 원하기만 했고 한번도 시도해본 적이 없는,

  하고 싶은 일은 무엇인가?

- [ ] 어떤 종류의 유산을 남기고 싶은가?

성공적인 은퇴 설계 짜기

은퇴 생활에 지침이 될 규칙이란 사실상 없다. 다만 자신의 속도대로 일할 수 있다는 즐거움과 자유가 주어질 뿐이다. 창조적이고 도전적인 사람이라면 예전의 일과 관련된 어떠한 도전이나 성과보다는 남은 인생에 더 의미 있고 만족스러운 자기만의 방식으로 은퇴 설계를 짜면 된다. 은퇴하고 나면 여행도 실컷 다니고, 악기도 배우고, 골프도 배우고, 그동안 바쁘고 할 시간이 없어 미루어왔던 취미생활로 여가 활동을 해보겠다며 기대와 희망에 찬 은퇴자의 꿈을 꾸는 사람들이 많다. 그러나 구체적인 준비와 배움을 통해서 철저한 은퇴 설계를 짜지 않고서는 사회 현실에 적응하기란 만만치 않다는 것이다.

선진국 은퇴자들은 잘 발달한 연금제도로 풍요로운 노후생활을 즐기는 황금시대(golden age)라고 표현하며 은퇴하기 위해 일한다고 할 정도로 은퇴를 기다리고 있다. 선진국과 달리 우리나라에서는 사람들이 은퇴라는 말이 부정적인 측면과 긍정적인 측면이 있지만 한편으로는 많은 사람들이 불안해하고 있다. 이는 은퇴 준비가 잘 되어 있지 않기 때문이다. 조사에 의하면 은퇴 예정자들에게 무슨 계획이 있으냐고 물어보면 75%가 계획이 없다고 한다.

은퇴 설계의 목표는 경제적으로 여유가 있다고 풍요롭고 한가하게 여가생활만을 보내는 노후가 아니라 행복한 노후를 보내기 위해서는 일을 하는 동시에 평생학습시대에 필요한 공부를 하고, 자기 영혼을 풍요롭게 하고 생활의 활력을 주는 취미생활을 가져야 한다. 이를 위해 은퇴를 앞두고 있는 사람들에게 은퇴 설계를 어떻게 짜야 하는지에 대해 논하고자 한다.

첫 번째로 무슨 일을 하며 살 것인가이다. 은퇴 이후 가장 우선순위로 경제적인 안정을 생각하고 있다. 은퇴 후 연금은 직장 평균 월급의 절반도 못 미치기 때문에 일을 통해 경제적 뒷받침으로 노후준비를 대비하려는 것이다. 일이란 삶을 영위하는 모든 활동으로 일을 통해 경제적 자립과 삶의 의욕을 충족하고, 내가 하는 일이 사회와 다른 사람에게 도움이 됨으로써 자신의 존재감을 인정받는다. 아울러 건강을 지키고, 사람들과의 관계를 지속적으로 유지할 수 있어 생명의 원천이다. 또 일은 고령화 시대의 활력있는 노년(active senior) 경제·사회활동으로 삶의 자존감과 행복감이 최고로 높게 해준다.

우리나라 은퇴자들은 은퇴 나이를 60세 기준으로 볼 때 대부분 75세까지는 일을 계속 하고 싶어 한다. 생활비라도 벌어야 자신을 위한 취미나 여가 활동이 가능하며 행복한 노후보장을 위한 최소한의 복지라고 할 수 있다. 그 외에도 경조사비, 차량유지비, 취미활동비, 문화생활비 등 소위 품위 유지를 위해 경제적 활동이 필요하다는 것이다. 그런데 전문직을 제외하고 평범한 은퇴자인 고령자들을 환영하는 일자리가 거의 없다는 게 문제다. 또 재취업을 하더라도 급여가 낮고, 처우도 좋지 않아 재취업 만족도가 현저하게 떨어진다. 연금과 노후자금을 어느 정도 준비한 은퇴자들도 재취업에 강한 열망을 보이고 있고 다른 사회활동에 대해서는 관심이 별로 없다. 서울대 노화·고령사회연구소에서는 실제로 우리나라 은퇴자들 가운데 재취업율을 남성 81%가 희망하고 있으며, 그 이유로는 경제적인 이유가 58.6%이고, 건강, 자기발전, 여가활동이 42%로 나타났다. 그 외 사회봉사는 7%로 매우 낮으며, 자기계발을 위해 학습하는 은퇴자 비율도 25%에 불과하다. 한국인의 은퇴 설계이유가 대부분 일자리를 찾아 재취업하려는 것에 관심이 많다. 미래에셋 은퇴연구소에 의하면 60대 경제활동 참여율이 평균 59.1%이며, 70대 경제활동 참여율도 평균 36.5%로 나타났다. 한국행정연구원이 조사한 은퇴공무원이 말하는 일의 의미는 노후대비, 생계수단으로 40.4%, 자아성취를 위해 15.6%, 건강에 도움 11.0%, 사회발전에 기여하고자 7.7%, 인정받는 존재감·소속감 3.7%이다.

신중년 은퇴자들은 일자리 설계에 필요한 관련 기관으로 고용노동부 직업훈련 포털, 고용노동부 워크넷, 하이브레인넷, 공무원연금공단의 은퇴공무원 지원센터, 사회공헌일자리 장년워크넷, 중소기업청 창업넷 등을 이용할 수 있다.

두 번째로 평생학습시대 공부하는 것이다. 성공적인 은퇴의 가장 중요한 요소로 평생학습을 통한 새로운 지식과 정보 획득은 재취업에 도움이 되고, 정신적·심리적 안정으로 계속 성장발전 할 수 있다. 현대인의 수명연장으로 노년기에 새로운 탐구와 사회 재적응을 위해 평생학습이 필요하다. 은퇴 이후 직장에서 가정으로 생활영역이 바뀜에 따라 역할과 관계도 변화되어 새로운 가치관과 행동이 요구된다. 그러므로 은퇴자들의 평생학습은 자신의 세계를 넓혀 주는 동시에 잠재적인 자기계발과 삶의 목적의식을 갖게 하는 중요한 핵심 내용이다.

고대 로마 정치가이자 철학자인 키케로(Cicero)는 "학문과 배움을 향한 열정만 있다면 노년의 여가보다 더 즐거운 것은 없다." 미국의 자동차 회사 포드의 창설자인 헨리 포드(Henry Ford)는 "배움을 멈추지 않은 사람은 항상 젊다. 삶에서 가장 훌륭한 일은 자신의 정신을 젊게 유지하는 것이다." 그리고 우리나라 철학가 김형석 교수는 "은퇴 후에도 공부하면서 일하고, 일하면서 공부하는 사람이 계속 성장한다."고 하였다.

젊게 사는 비결은 배움을 멈추지 않는 것이다. 즉 나이가 들어도 항상 재미있는 배울 거리가 있고, 은퇴자가 계속해서 배울 수 있는 기회가 많으며, 다양한 콘텐츠를 편리하게 접근할 수 있다. 젊어서는 일과 업무에 바쁜 나날을 보내다 보면 책을 가까이하여 보고 싶어도 시간이 없었다. 은퇴 후에는 여유있는 시간을 충분히 활용하여 관심 분야나 취업에 도움이 되는 관련 책 등을 볼 기회를 만들어야 한다.

대부분의 은퇴자들이 깨닫는 진리는 배움은 인생을 위한 것이란 사실이다. 의심할 여지 없이 당신은 은퇴 후에도 계속 발전하기를 원할 것이다. 그렇다면 집주변이나 가까운 대학, 자치단체 평생교육기관에서 운영하는 다양하고 흥미로운 프로그램들을 찾아보자. 특히 인터넷이 발달한 우리나라의 경우, 은퇴자들이나 성인들을 위하여 사이버 대학 교육, 온라인 평생학습 강좌, K-MOOC, KOCW 등 자유롭게 신청하면 무료로 자기계발을 위해 들을 수 있는 강좌들이 많이 있다. 이런 것들은 당신이 실제 상상할 수 있는 모든 것을 배울 수 있도록 기회를 열어주고 인생에 큰 도움을 줄 것이다.

그 밖에 국가평생학습포털 "늘배움"에서는 여기저기 흩어져 있는 양질의 교육콘텐츠와 평생학습정보를 쉽게 이용할 수 있도록 하여 누구나, 언제, 어디서나 학습자 맞춤형 서비스를 이용할 수 있는 평생학습 종합포털을 이용할 수 있다.

세 번째로 여가 활동은 노후 삶의 질을 풍요롭게 하는 것이다. 은퇴를 하게 되면 제일 고민되는 것이 시간을 어떻게 보내는 것이냐다. 여가를 얼마나 효과적으로 활용하느냐에 따라 은퇴생활 전체의 질과 즐거움이 달려 있다. 도전적이고 생산적인 활동을 할 줄 아는 사람에게 여가시간이 많다는 것은 반가운 일이다.

은퇴 이후의 시간은 그동안의 꿈을 실현하는 자기성취의 시기이다. 한 사람의 독자적인 문화가 형성되는 골든 타임(golden time) 기간이라고도 말할 수 있다. 누구든 은퇴 후에 그동안 일했던 시간만큼 다른 무언가를 하면서 시간을 보내야 한다. 앞으로 남은 시간을 어떻게 사용해 나갈 것인가 스스로 물어보자. 고대 로마 정치가이자 철학자 키케로는 "여가는 인간을 도덕적, 지적, 정신적으로 성숙하게 만들어주는 고결한 활동이다. 이것이야말로 인생을 가치 있게 만들어 준다." 고대 그리스 철학자 플라톤도 "생산적으로 여가를 즐기는 것은 한 인간으로서 성장하고 자아를 실현해 준다." 하였다.

은퇴 후 여가활동을 설계할 때 자신의 적성과 여건 등을 고려하여 적절하게 맞는 형태를 선택하여야 한다.

#4

버킷리스트를 작성하자

버킷리스트(Bucket list)는 중세 시대에 자살할 때 목에 밧줄을 감고 양동이를 차버리는 행위에서 유래되었다. 요즈음 죽기 전에 꼭 해야 할 일이나 하고 싶은 일들에 대한 리스트로 사용하고 있다. Bucket은 양동이를 뜻한다. 버킷리스트라는 말은 2007년 개봉한 잭 니컬슨과 모건 프리먼 주연의 할리우드 영화 「버킷 리스트」 이후 널리 쓰이게 되었다. 필자도 얼마 전에 이 영화를 보고, 은퇴 예정자들에게 꿈과 용기를 주기 위해 줄거리와 주인공들의 버킷리스트를 소개한다.

『상식이 풍부한 늙은 자동차 정비공 카터 챔버스(모건 프리먼 역)는 어느 날 자신이 불치병에 걸려 시한부 인생이 될 것임을 진단 받게 된다. 그는 병상에서 46년 전 대학생 시절 철학 교수가 죽기 전에 꼭 하고 싶은 일, 보고 싶은 것들을 적은 '버킷리스트'를 만들라고 했던 일을 떠올리지만, 이미 그 소망들을 이루기에는 자신이 너무 늙었음을 깨닫게 된다.

한편, 카터가 입원한 병원의 오너이자 제멋대로인 성격을 지닌 재벌 사업가인 에드워드 콜(잭 니콜슨 역)은 사업의 번창만을 생각하며 가정을 꾸리지도 않고 일 중독적인 생활을 해오다, 그 역시 시한부 인생이 되었음을 진단 받게 된다. 우연찮게 카터와 같은 병실에 입원하게 된 에드워드는, 처음에는 독방을 쓰는 게 좋다며 카터를 불편하게 생각한다.

두 사람은 가정에 대한 가치관도 다르고, 가진 부의 수준도 달랐지만 병실에서 한동안 같이 지내면서 서로 친해지게 된다. 두 사람의 유일한 공통점은 오로지 앞만 보고 달려 왔다는 것, 그리고 그들의 인생이 얼마 남지 않았다는 것이다. 어느 날 카터가 적어 두었던 '버킷리스트' 메모를 본 에드워드는 카터에게 이 버킷리스트를 해보자고 제안을 한다.

카터는 자신이 병상을 떠나 여행을 할 경우 아내가 이를 크게 염려할까 봐 처음에는 거절했지만, 에드워드의 설득으로 결국 아내에게 양해를 구하고 두 사람은 버킷리스트를 이루기 위한 꿈의 여행을 떠난다.

카터와 에드워드의 버킷리스트는 1. 장엄한 광경 보기 2. 모르는 사람들 도와주기 3. 눈물 날 때까지 웃기 4. 머스탱 셸비로 카레이싱 하기 5. 정신병자 되지 말기 6. 스카이 다이빙하기 7. 가장 아름다운 미녀와 키스하기 8. 영구 문신하기 9. 중국 홍콩 여행하기, 이탈리아 로마 여행하기, 인도 타지마할 보기, 이집트 피라미드 보기 10. 오토바이로 중국 만리장성 질주하기 11. 세렝게티에서 사자 사냥하기이다.』

오늘날에는 젊은 사람들뿐만 아니라 은퇴자들이 남은 인생의 목표를 정하는 데 사용되고 있는바, 하고 싶은 것, 갖고 싶은 것, 되고 싶은 것들을 종이에 적고 실행하고자 하는 마음을 상상함으로써 삶의 가치와 행복을 느끼고 싶어 한다. 버킷리스트는 인생의 목표일 수도 있고, 꿈일 수도 있고, 어려운 도전일 수도 있다. 한편으로 당신의 운명을 바꿀 수 있는 종이 위의 기적일 수도 있다. 누구나 꿈과 희망을 담은 버킷리스트를 작성할 수 있다. 그러나 버킷리스트를 실천하는 데는 의지와 용기가 필요하다. 버킷리스트를 작성한다고 해서 누구나 실천할 수 있는 것은 아니다. 어려운 도전이기 때문에 용기를 가지고 하나둘씩 실천하다 보면 사는 보람과 행복, 삶의 가치와 기쁨, 그리고 자기 성취감을 가져다줄 것이다.

특히 은퇴자들에게는 이루고 싶은 꿈이 한두 가지 정도는 있을 것이다. 연금공단 연수생들의 조사한 자료에 의하면 '매년 가족과 함께 해외 여행하기', '마라톤 대회 완주하기', '월드컵 대회 참석하여 관중 하기', '제주에서 한 달 살기', '전원생활', '인터넷 1인 방송', '전국 일주 여행', '자서전 쓰기', '산티아고 순례길 걷기', '후학양성 등 컨설팅', '골프 배우기', '악기 배우기', '자격증 취득', '산사체험' 등의 비용이 적은 소소하고 작은 것부터 비용이 많이 드는 큰 것까지 각자의 꿈은 다양했다. 따라서 그 꿈을 실현하기 위해서 가장 먼저 해야 할 일은 버킷리스트를 작성하는 것이다. 지금 당장 종이와 펜을 꺼내 당신만의 버킷리스트를 적어보자. 그 순간 잠들어 있던 욕망과 능력들이 깨어나 꿈을 현실로 만들어 줄 것이다.

그동안 바쁜 일상에서 자신이 하고 싶은 것은 뒤로 미루고 가족의 생계를 책임지는 가장의 역할에 충실하고, 직장과 사회에서 요구한 일에 우선순위를 두고 전념하여 자신의 꿈을 접고 살거나 잃어버리고 살았다. 은퇴 후에는 당신의 자리로 돌아가서 당신의 꿈을 실현할 수 있는 버킷리스트를 작성하자. 당신의 가슴을 뛰게 하는 것이 무엇인가? 당신의 미래를 바꾸고 싶다면 무엇을 할 것인가? 당신을 위하여, 더불어 당신의 배우자와 함께, 당신의 친구와 함께, 당신의 자녀와 함께 버킷리스트의 구체적인 목표를 하나씩 실천해보자.

은퇴자의 꿈은 이루어진다

은퇴의 큰 장점 중 하나는, 다른 사람들이 시키는 일을 하지 않아도 되는 대신 자신이 원하는 일을 할 수 있다는 것이다. 직장에서 겪어야 할 스트레스로부터 벗어난다는 것이다. 은퇴 후에는 직장 상사에게 눈치 보며 좋은 인상을 주고 승진하기 위해 과중한 일에 허덕일 필요가 없다. 또한 마감일과 성과 평가로부터도 자유로워지는 것이다. 이제부터는 은퇴자의 꿈은 이루어진다.

은퇴를 긍정적인 시각으로 보면 은퇴 후 새로운 삶은 일보다 훨씬 더 가치가 있다. 여기서 말하는 삶이란 기관에 소속된 직장인으로 살아야만 했던 삶이 아닌 은퇴한 사람이 원하는 삶을 말한다. 적극적인 은퇴자는 재미있는 일거리가 많을 뿐 아니라 자아실현을 위한 시간도 더 많다는 것을 깨닫게 된다. 그러면 다양하고 광범위한 여가 활동과 재미있는 일거리들이 당신을 기다리고 있을 것이다. 행복한 은퇴를 사는 사람들은 은퇴 후 생활이 너무 바빠서 과거로 돌아가고 싶지 않을 정도로 신기해하기도 한다. 그래서 은퇴는 2선으로 후퇴하거나 소일거리로 보내는 것이 아니라 세상의 아름다움 속에서 당신의 꿈을 실현하는 때다. 미국의 영화제작자 메리언 마진스키(Merian Majinsky)는 PBS 다큐멘터리 「나의 은퇴의 꿈」 제작을 하면서 많은 은퇴자들의 상황과 생활을 살펴본바, 어떤 은퇴자들은 권태를 느끼고 있었고, 어떤 은퇴자는 육체적으로 활동적이었으며, 또 다른 은퇴자는 삶을 의미 있게 가꾸기 위해 정신세계를 넓혀나가고 있었고, 그 외 많은 사람은 삶의 운명을 맡기고 있었다.

　대부분 은퇴자들의 교육수준이나 경제적 부유함 정도에 따라 은퇴의 행복과 불행은 관계가 없음을 발견했다는 것이다. 그의 결론은 은퇴자의 꿈을 이루거나 행복은 스스로 꿈과 행복을 실현하려는 의지가 있느냐 없느냐에 달려 있다는 것이다. 또한 자신에게 맞지 않는 삶을 사는 행복은 비켜가고 말며, 더 분명한 것은 자신이 원하는 삶을 살아갈 때 행복은 저절로 찾아온다는 것이다. 많은 은퇴자는 무엇이 진정 자신을 행복하게 만드는지 스스로 묻는 대신, 사회적 요구나 분위기에 쉽게 휩쓸려 원하지 않는 선택을 하는 경우가 많다. 이는 자신만의 독창적인 생각이나 의지만으로 살아가기보다는 타인을 지나치게 의식하며 살아가는 경향이 있다는 것이다. 따라서 은퇴자는 자신의 꿈과 목표는 자신의 태도와 능력에 달려 있다는 것을 명심하자. 은퇴자의 꿈을 이루기 위해서는 다음 몇 가지 행동 기준을 가지고 있어야 한다. **첫째, 자신의 진정한 모습을 발견하여 그런 방향으로 삶을 추구하자. 둘째, 자신의 능력과 경험을 바탕으로 또는 개인적인 취미를 활용한 일을 통해 삶을 재창조하자. 셋째, 여가시간을 최대한 활용하여 삶의 즐거움과 가치**

를 추구하자. 마지막으로 규칙적인 운동과 평생학습을 통해 육체
적·정신적 건강을 유지하자.

인생 2막, 삶을 바꾸는 나의 첫 걸음

인사혁신처의 퇴직공무원 전직지원 컨설팅사례모음집에 발표된 사례를 바탕으로 요약하여 정리하였다. 주인공은 『30여 년을 넘은 세월의 공직생활을 마치고 나와서 보니, 예전과는 달리 모든 것이 빠르게 움직이고 각박한 세계에 놓여있는 것 같아 좀 씁쓸하다고 느꼈다. 대부분 퇴직 후 인생 2막을 시작한다고 한다. 퇴직이 바로 목전에 다가선 나 자신이 어떻게 무슨 일을 해서 인생의 마무리를 성숙한 모습으로 가야 할지 고민도 많이 했다. 흔히 공직에서 퇴직하게 되면 이제 사회로 진출하게 되었다고 말하곤 한다. 아하! 지금까지 살아온 경로는 사회생활이 아니었구나 하는 생각이 번뜩 든다. 아마도 공직이라는 특별한 울타리 내에서 업무를 하다가 경험하지 못한 현실이 그대로 펼쳐지게 되는 냉혹한 사회를 가리켜서 하는 말일 것이다.

그러나 주변을 찬찬히 더듬어 보면 퇴직하고도 그런대로 괜찮은 직장 잡고 번듯하게 일 나가는 사람이 있는가 하면, 등산배낭 메고 아침마다 산행이나 또 다른 뭔가를 소일거리 찾아 나서는 사람, 변변찮은 일자리라도 찾으려고 나가는 사람 등 각각의 제2의 인생을 만들어가려고 애쓰는 모습들이 자랑스럽게 또는 처량하게 보이기도 한다. 나 역시 퇴직을 맞이하면서 위의 마지막 경우에 해당한다고 생각한다. 그동안 현직에 있을 때는 별로 신경 안 쓰고 남의 일처럼 간과하고 살아왔으나, 이제 중장년 나이에는 노후를 대비해 신경 쓸 나이가 된 것이다. 그래서 내가 주거하는 시청 소속의 작은 동 주민센터에서 행정보조업무를 시작하게 되었다. 처음에는 창피하게 느껴지기도 했고, 보수를 생각해 보면 더욱 그렇게 느껴졌다.

그러나 "돈이 인생의 전부가 아니다"라는 말처럼 많이 벌려고 하는 것보다 적은 돈을 어떻게 실속있게 사용하느냐가 중요하다는 것을 이해할 나이가 되고, 세월이 흘러 경륜이 쌓이고 세상 보는 눈이 넓어지게 되면 더 너그러운 마음이 생길 것이다. 그런데도 사람들이 눈앞의 이익에만 매달려 삶이 팍팍해지고 인생은 더 고달프게 되어가는 것을 볼 수 있다.

먼저 퇴직한 선배로서 한 말씀 드리자면, 사회에 진출할 즈음 미리미리 자신의 적성에도 잘 맞고 즐거운 마음으로 일할 수 있는 분야를 선정하여 교육을 받아 자격증을 준비하는 것이 좋을 듯하다. 그에 따른 비용이나 진로설계도 어느 정도 구체화해서 사회에 진출한다면, 생각보다 빨리 정착할 할 수 있을 것이고 시간도 절약될 것이다.

퇴직 후 10년을 어떻게 살 것인가? 자문해 봐라! 아마도 인생 2막의 가장 중요한 시기라고 생각되고, 그동안 미흡했던 부분, 아쉬웠던 일들을 이 시기를 통해 하나씩 완성해 간다면 아주 아름다운 마무리가 될 것이다. 그래서 거기에 맞는 인생 설계를 잠시 해 본다. 그런 시간을 갖는 것으로 그동안 살아온 삶의 무게와 성숙해 가는 나를 느낄 수도 있을 것이다. 이제 마지막이라는 생각도 하면서 말이다.

정말 이제껏 앞만 보고 달려왔고, 그야말로 이 시점, 인생 제2막 단계에서 더욱 멋있는 계획으로 알차게 살아야겠구나 하는 생각뿐이다. 끝으로 건강하고 행복한 인생 설계와 마무리를 얼마나 잘하느냐에 따라 '내 인생 후회 없이 살았구나'하고 먼 훗날 얘기할 수 있는 그런 삶이 되기를 바라면서 이 시대에 주인공인 나 자신을 위하여 가꾸고 노력하는 모습이 얼굴에 훤하게 나타나기를 바란다.』

3장

재취업

재취업으로 새로운 경험을 쌓자

우리나라 대부분의 은퇴자들은 노후가 제대로 준비가 안 된 상태에서 은퇴를 맞이하게 된다. 그래서 은퇴 후에 많은 문제가 발생하게 된다. 이러한 문제는 경제적으로 충분한 노후준비가 되어 있지 않아서 생기는 문제이다. 따라서 어떻게든 일자리를 찾으려고 부단히 노력한다. 은퇴 후 받는 국민연금이든 공무원연금이든 직장에서 받았던 월급에 비하면 턱없이 부족하여 경제적인 문제를 가장 심각하게 걱정하고 있다. 그 이유 중에 하나가 대출상환이라든지, 자녀들의 학비라든지, 취업 준비를 위해 생활비를 대준다거나, 직장을 다니고 있다 하더라도 결혼 연령이 높아짐에 따라 부모로서 부양하는 경제적 비용은 부담될 수밖에 없기 때문이다. 따라서 은퇴 후에도 경제적 안정에 조금이라도 도움이 되고자 재취업하려고 끊임없이 노력한다.

한국의 베이비 부머 연구소에 따르면 중·장년이 말하는 은퇴에 대한 생각으로 가장 고민되고 걱정하는 것이 1위가 어떻게 생산적이고 의미있는 삶을 살 수 있을까가 26%이고, 2위가 경제적 필요 때문에 일을 해야만 하는 상황이 23%를 차지하고 있다. 또 베이비 부머의 64%는 노후에 일자리를 희망하고 있으며, 그중 남성은 81%가 재취업에 대해 생각하고 있는 것으로 나타났다. 그 이유로는 경제적 이유가 58%로 상당히 높게 차지하고 있다. 이러한 연유로 우리가 맞이해야 할 미래는 정년이라는 개념이 없어지고 경제적 필요 등에 따라 재취업 등을 하여 일을 해야 하는 인식이 증가하고 있다.

일반적으로 일이란 사람이 삶을 영위하기 위해 행하는 모든 활동으로 일을 통해 경제적 자립과 자신의 성장을 보면서 삶의 의욕을 충족하고, 내가 하는 일이 사회에 다른 사람들에게 도움이 됨으로써 자신의 가치를 인정받는 일련의 과정을 의미한다. 은퇴 이후 취미와 여가생활만으로는 자신에게 주어진 많은 시간을 관리하는 데 어려움을 느끼게 되면서 자칫 인생의 의미를 잃어버릴 위험도 내포하고 있다. 퇴직했다 하더라도 어느 정도의 일을 할 수 있다면 심리적인 마음의 안정과 삶의 보람을 얻을 수 있다. 은퇴자들이 말하는 일의 의미란 자신의 지식과 경험을 재활용할 수 있거나 아니면 새로운 일을 함으로써 새로운 경험을 쌓기 위함이다. 아울러 일과 함께 돈을 벌어 생활비라도 보태고, 소속감으로 새로운 인간관계를 얻을 수 있다고 생각한다.

지금은 60세 이후에도 일하는 사람이 증가하는 추세이다. 특히 액티브 시니어로 대변되는 베이비 부머 세대의 등장으로 아직 젊고 체력과 지력을 갖춘 사람이 많아지고 있는 것이 사실이다. 자신의 가치를 다시 찾을 수 있는 그 어떤 "일"을 찾기 위해 준비가 필요하고, 객관적으로 자신을 점검해 보는 기회를 가져야 한다.

정년퇴직 후에도 일을 계속하려고 생각하거나 일이 아닌 다른 것을 하더라도 남은 인생을 보다 유익하게 지내기 위해서는 '왜 일을 하는 것일까?', '무슨 일을 하고 싶을까?', '왜 일을 하지 않을까?'라는 것에 대해 생각해 봐야 한다. 일을 선택하는 이유는 생활비 마련, 장래를 위한 저축, 가족의 부담을 덜고 용돈을 벌기 위한 것이 주된 것일 수 있다. 다른 한편으로는 일함으로써 규칙적인 생활을 하게 되고, 사람들과의 교류 및 적당한 긴장감을 갖게 됨으로써 건강 유지에도 도움이 된다.

매슬로우(Abraham Maslow)는 "우리 모두에게는 잘 할 수 있는 일이 있게 마련이다. 우린 이미 능력, 재능, 목표, 임무, 욕구를 갖추고 있다."라고 하였다. 재취업을 하려면 어떻게 해야 하나? 가장 먼저 해야 할 일은 자신의 SWOT분석을 통해 자신의 능력과 역량, 전문성을 잘 살릴 수 있는 직업과 직장에 관한 정보를 얻는 일이다. 정보를 얻는 방법으로는 취업기관 활용, 인맥 활용, 취업박람회 참가 등이 있다. 그중에서 취업정보를 편리하게 얻을 수 있는 곳은 정부기관에서 제공하는 취업포털(사이트)로 무료인데다, 취업지원 정책도 병행하고 있어 신뢰할 수 있다. 대표적으로 고용노동부에서 운영하는 워크넷, 직업훈련 포털, 그리고 지자체별로 기술교육과정(예:서울특별시 북부, 동부, 남부, 중부기술원)을 운영하고 있고, 전국 23개 여성능력개발원에서도 취업지원을 위한 직업교육(남성20% 참

여가능)을 시키고 있다. 또한 학문 분야별 고급두뇌를 위한 전문 네
트워크로 하이브레인넷을 이용하면 된다. 그 밖에 사회공헌 일자
리로 장년 워크넷이 있다.

자신의 눈높이를 낮추자

은퇴자들이 재취업을 하기 위한 전문지식과 경험, 자격증이 있다 하더라도 재취업 하기에는 매우 어려운 실정이다. 이유가 어쨌든 재취업하기로 결정을 했으면 무슨 일이라도 하겠다는 특별한 마음가짐을 가져야 한다. 제일 중요한 것은 자신의 눈높이를 낮춰 지원하여야 한다. 우선, 재취업을 하고자 할 경우 임금 수준이 전 직장과 비교도 안 될 수준으로 낮아졌다고 실망해서는 안 되고, 또한 자신의 능력 가치를 과소 평가된다고 생각해서도 더욱 안 된다. 청년실업이 넘쳐나는 시대에 퇴직한 고령자를 위한 좋은 일자리는 거의 없기 때문이다.

재취업을 희망하는 은퇴자들을 보면, 대부분 자신이 하던 일이나 관련 일을 계속하기를 원하고 있다. 다시 말해 그동안 쌓아온 지식과 축적해온 경험을 활용하는 측면에서는 긍정적일 수 있고 취업하는 데 유리하게 작용할 수 있다. 그러나 생각을 바꿔보면 자신이 평생토록 하던 일과 완전히 다른 일을 할수록 인생은 다양해지고 삶의 행복도 높아질 수 있다.

일반 회사나 기업들은 중·장년 은퇴자를 고용하는 데 소극적인 이유가 있다. **첫 번째로 강한 연공 서열의 문화로 인해 고령자들과**

같이 일하는 것을 꺼리기 때문이다. 자신보다 나이가 많은 재취업자들과 함께 보조를 맞추며 일하기란 나이에 민감한 우리나라 문화에서는 쉽지 않은 일이다. **두 번째로 중·장년층들의 능력에 대한 불신감이다.** 나이가 많아질수록 주장이 강하면서 창의성과 열정이 부족할 것으로 우려하기 쉽다. 이런 여건 속에서 은퇴자들이 좋은 일자리를 발견해서 재취업하기란 현실의 벽이 너무 높다.

젊을 때의 직업에 대한 사회적 편견이나 자존심을 생각할 수 있다. 그러나 은퇴자들에게 재취업하고자 한다면, 일에는 남을 의식하거나 귀천이 없다고 생각을 바꿔야 한다. 일반적으로 은퇴자들은 일자리를 구할 때 지인들에게 부탁하거나 공공기관들이 운영하는 재취업 알선기관을 찾아가 본다. 하지만 자신에게 적합하거나 자신이 원하는 일자리를 찾기 쉽지 않다. 특히 보수가 좋고, 계속해서 일할 수 있는 안정된 직장은 더욱 적다. 따라서 보수조건이나 일할 수 있는 근무환경에 대한 자신의 눈높이를 크게 낮추지 않으면 재취업이 힘들다는 뜻이다.

#3

직업에 대한 편견을 버리자

은퇴자는 직장을 떠나는 순간 이제는 자유로운 몸이다. 앞으로 무슨 일이든 현재보다 못하진 않을 것이라고 말할 수 있고, 우리는 자신이 항상 원했던 인간형이 될 수 있는 기회를 얻을 수 있다고 생각한다. 하지만 자신이 정확히 어떤 사람이 되기를 원하는지 아는 사람은 그리 많지 않다. 직장에 다닐 때 우리는 직장의 목표와 비전에 관련된 일을 하면서 자연스럽게 명함을 내밀며 권위적이고 자부심을 가지고 투철한 사명감으로 직업의식이라는 정체성으로 살아왔기 때문이다.

은퇴자들이 재취업을 위해 직장을 선택할 경우에는 자신의 가치관과 적성이 맞는지 생각할 필요가 있다. 은퇴 전에는 자신의 일을 중심으로 생활을 규정했던 방식에서 은퇴하면서 새로운 직장의 규정과 조직의 목표를 맞춰주어야 하는 상황에서 정체성의 큰 변화와 혼란을 겪게 된다. 은퇴자들은 은퇴 전에는 권력, 지위, 그리고 일에 대한 자존심이 높았다고 하지만, 은퇴 후에는 모든 것을 내려놓아야 하기 때문에 자존감은 높이되, 자존심을 낮추어서 직업에 대한 편견을 버려야 한다.

우리에게 직업의 정체성이란, 자신과 다른 사람들이 "나를 어떻게 볼까?" 지나치게 의식한 나머지 자기 이미지를 왜곡할 수 있다. 이러한 자기 정체성과 이미지는 진정한 자신의 모습이 아니다. 사람들에게 직업정체성은 오랫동안 직장 생활하면서 자연스럽게 자신의 이미지를 형성하고 지배하고 있었기 때문에 자아는 설 자리가 없어지는 것이다. 당신의 진정한 정체성은 자신도 모르게 형성해 온 직업정체성의 본질을 알고 그것에서 벗어나려는 노력을 통해 찾아질 수 있다.

우리나라 은퇴자들 대부분은 은퇴하는 순간 자신이 무엇을 하는 사람인지 자신의 정체성을 다른 사람들에게 설명해줄 명함이 사라짐으로써 불안해하기 때문에 새로운 직함을 원할 것이다. 단순히 은퇴자라 할 일이 없는 모습보다는 자신을 표현해줄 새로운 타이틀 명함을 원할 것이다. 발상의 전환을 통해 당신에게 적합한 타이틀을 스스로 부여해보라. 예를 들어 은퇴설계 전문가, 재무상담 전문가, 문화해설사, 대학 외래 강사, 직업 상담사, 독서지도사 등 자신에게 창조적이고 만족스러운 삶을 즐길 권한을 스스로 부여함으로써 자신의 직업 세계관을 재정립할 수 있다고 본다.

따라서 직업에 대한 편견을 버리자. 그러면 직업을 통해 자신이 진정 누구인지, 어떤 사람이 되기를 원하는지 발견할 수 있다. 혹은 자신에 대해 새로운 관념과 성취감, 만족감을 주는 새로운 직업 세계를 발견하게 될 것이다.

나의 천직을 발견하자

은퇴 후에도 파트타임이나 비정규직 아르바이트 형태로 일하고 싶다면 자신의 가치를 발견할 수 있는 일, 즉 "천직"을 찾아야 한다. 천직을 찾는 은퇴자에게 일은 단지 돈을 벌기 위한 수단이 아니다. 그 일을 사랑하기 때문이다. 일할 필요가 없는데도 일을 하러 가는 것 그 자체가 만족을 주기 때문이다. 가장 중요한 것은 좋아하는 일을 하러 간다는 것이고, 보람찬 삶이다. 천직을 갖게 되면 은퇴 후의 삶은 더 큰 만족감으로 충만해져 은퇴를 생의 최고 시기로 만들 수 있다.

현역 시절에는 가족의 생계를 위해서 월급을 받을 만큼 고생한 일이지만, 은퇴 후에 자기 삶을 충실하게 보내고자 자기가 하고 싶은 일을 주도적으로 추구할 수 있다. 정말 운이 좋고, 행복한 사람은 직업으로 하는 일과 열정적으로 추구하는 일이 같은 사람이다. 이들은 다른 걸 찾아 헤맬 필요 없이 은퇴 후에도 계속 마음에 드는 일을 할 수 있다. 아마 이런 사람을 우리 주변에서 쉽게 찾을 수 있다. 살면서 우리는 어느 한순간이라도 자신이 진정 뭘 하고 싶어 하는지 내면의 욕구가 있었을 것이다. 그러나 당신은 자신의 꿈과 적성이 아주 다른 일이나 직업을 택하였을 가능성이 크다. 우리나라 현실에서 보면 당연하다고 받아들이고 있다. 그리고 세월이 흐르면서 자신이 원하는 일을 실현될 수 없다고 단정하여 자신의 꿈을 외면하며 살아왔다.

그러나 은퇴를 하려는 현시점에서는 자신이 원하는 일을 추구하는 데 최선을 다하지 않을 이유가 무엇인가? 성공한 은퇴자들은 자신의 진정한 천직을 발견하고 추구한다. 이들은 자신의 성과와 실적 올리기에 연연해하지 않고 수십년 동안 직장에서 일로써 능력으로 인정받아 성공을 거둔 사람들이다. 일단 은퇴를 하면 신기하게도 예상치 않았던 행복이 찾아온다. 왜냐하면 이미 창조적이고 가치 있는 일들을 할 기회를 수없이 만들어보았기 때문이다. 더구나 이들은 자신의 일을 사랑하기 때문에 자신이 하는 일에 아주 능숙한 사람들이다.

그동안 자신의 진정한 천직이 무엇인지 몰랐다면 그것을 찾기 위해 스스로 자기에게 세 가지 질문을 던져보자. 하나, 다른 사람에게 당연히 주는 재능은 무엇인가? 둘, 다른 사람에게 가장 즐겁게 해주는 재능은 무엇인가? 셋, 다른 사람에게 가장 자주 주었던 재능은 무엇인가? 일단 꿈꾸던 일이 무엇인지 알게 되면 그 일을 찾아 나서라. 자영업자가 되거나 그 분야의 일에 자원봉사로 일하면서 스스로 그 일을 창조할 수 있다. 미국의 창조적 은퇴센터 사무국장 로널드 J. 만하이머(Ronald J. Mannheiman)는 "어떤 사람은 뭘 원하는지 아주 늦게 깨닫고, 또 어떤 사람은 죽을 때까지 깨달지 못한다"라고 말하였다.

천직은 우리의 내적 욕구를 충족시켜준다. 내가 늘 꿈꿔오던 일을 할 때 은퇴 생활의 매력은 더없이 빛난다. 바쁘지만 행복한 삶, 내 남은 삶이 아직은 무익하지 않으며 생산적이라는 사실은 자긍심을 높일 뿐 아니라 지적으로 생동적이고 사회적 교류도 활발하게 한다. 그것은 내 삶을 확장시키는 동시에 타인의 삶도 풍요롭게 만들어준다. 노벨문학상 수상자이자 영국 총리를 지냈던 윈스턴 처칠(Winston Churchill)은 이렇게 말했다. "모든 사람의 인생에는 어떤 특별한 순간, 그 순간을 위해 그가 태어난 것 같은 바로 그런 순간이 온다. 그 순간을 놓치지 않으면 그 특별한 기회는 그의 사명을 달성시킬 수 있게 해준다. 바로 그 순간, 그는 자신의 위대함을 발견할 수 있고, 그것은 그에게 최고의 순간이 된다."

#5

재취업 성공하기

재취업을 하는 데 가장 중요한 것은 현실을 깨닫는 것이다. 은퇴자들 사이에 나이는 '직급이 아니다'란 말이 있다. 요즘처럼 청년 실업이 넘쳐나는 시대에 은퇴자들의 재취업이 말처럼 쉽지 않다는 것이다. 더구나 은퇴자들은 60세 기준으로 볼 때 아주 건강하고, 학력도 높고, 지식과 경험이 풍부하다고 좋은 근무 조건의 일자리에 지원서를 제출한다. 하지만, 서류전형에서 탈락한 후에야 현실의 벽을 체감하고 깨닫는 데 상당한 시간이 걸린다. 극단적으로 말하면 은퇴자들을 위한 중장년 경력직 사원으로 일을 구한다고 해도 은퇴 전 임금 수준이 50% 이하로 떨어진다. 연봉 3,000만 원을 받기가 쉽지 않은 것이다. 요즘 청년취업도 낙타가 바늘귀에 들어가기보다 어렵고, 중장년 재취업은 그보다 더해서 고래가 바늘귀에 들어가기라고 한다. 즉, 재취업에 성공하기 위해서는 눈높이를 낮추고, 직업에 대한 인식변화와 현실을 직시하는 마음 자세가 필요하다. 재취업에 성공한 분들에게는 몇 가지 특징이 있다.

첫째로 가족과 함께 현재 상황을 정확하게 이해하고 공유했다는 점이다. 은퇴 후 재취업하기에는 자격증 취득 등을 감안하여 짧게는 6개월에서 길게는 2년 넘게 많은 시간과 비용이 들어간다. 그

기간에 소득이 없을 경우를 대비하여 가족들과의 충분한 대책을 논하여야 한다.

둘째로 재취업에 성공하기 위해 적극적으로 일을 찾고자 사람을 만나는 노력을 하고 있다는 것이다. 대부분 은퇴자들은 운전면 허증 외에 자격증 하나를 갖추지 못한 경우가 허다하다. 그동안 허투루 살아와서 그런 건 결코 아니다. 다른 기술이 없기 때문에 취업하려는 의지가 자신이 없거나 소극적인 측면이 많다. 하지만 의지만 있다면 매일 구직사이트를 찾아보거나, 현역 시절 관련 일과 연계하는 방법도 있다.

셋째로 정부 지원기관을 적극 활용했다는 점이다. 막연하게 혼자 생각한 대로 일을 찾는 것이 아니라 전문가의 도움을 받는 것이다. 가까운 고용노동부 산하 고용센터를 방문하여 상담을 받고 '중장년일자리희망센터'나 '노사발전재단'과 같은 민간 위탁기관에서 체계적인 구직 전략을 세울 수 있다. 모든 구직활동의 기본이라 할 수 있는 이력서부터 기업의 인사담당자들이 가장 먼저 시선을 둔다는 사진까지 전문가의 조언을 바탕으로 철저하게 준비해야 한다.

넷째로 사회적 인적네트워크를 이용한다. 옛말에 '집에 아픈 사람이 있거나, 본인의 질병에 대해 널리 알리라'는 말이 있다. 이는 좋은 의사를 소개받아 병을 빨리 고칠 수 있기 때문이다. 은퇴자들도 인간관계 네트워킹의 역할이 중요하다. 은퇴 후에 일할 기회를 찾고 싶다면 구직 의사를 가능한 한 주변에 알리게 되면 일자리로 연결될 수 있다. 자신의 구직 의사를 보다 많은 사람에게 알리면 알릴수록 취업 성공확률도 높아질 것이다.

마지막으로 은퇴 후 직업에 대한 인식을 완전히 바꾸어야 한다. 이 말은 젊었을 때 직업에 대한 사회적 선입견, 체면, 자존심 등 여러 가지 조건에 맞추어 직업을 선택했다면, 은퇴 후에는 과거의 직업에 대한 정체성과 편견, 즉 직업에 대한 신분 의식을 버려야 한다. 재취업을 희망하는 당사자뿐만 아니라 가족 모두가 함께 바뀌어야 한다. 재취업을 통해 현역 시절과 같은 수준의 생활을 영위한다는 건 생각처럼 쉽지 않다. 냉정하게 현재의 처한 현실을 고려하고, 재무 상황을 따져보고 거기에 맞추어 살려는 노력과 용기가 필요하다.

한국고용정보원이 최근 발간한 생애경력개발정보 웹진 「커리어 Info」 제9호에서 게재한 중장년층 전직 성공 노하우 6가지를 소개하면 △꾸준한 자기계발을 통한 직무전문성 확보 △직무강점 중심의 전직목표 설정 △지원분야별 맞춤형 이력서 작성 △현장중심의 적극적인 구직활동 △긍정적인 태도와 원만한 대인관계 △고용환경 변화 이해와 우수한 정보활용 능력이라고 강조하고 있다.

개인 창직(創職) 시대

오늘날 새로운 트랜드 중 하나가 1인 사업자 시대라고 한다. 은퇴자들이 경험과 전문성, 지식과 기술을 활용하여 사회적 가치를 재창출하는 방법으로 직접 창직하여 새로운 일자리를 만들 수 있다. 실업이 넘쳐나는 요즘 은퇴자들에게 일자리를 찾기란 결코 쉽지 않다. 결국 아주 처음부터 준비를 해서 자신이 해오던 일을 계속하거나 창직을 해야 한다. 창직은 지금까지 없었던 일을 새로이 만드는 것을 의미한다. 즉 자신이 잘하는 분야 또는 하고 싶은 분야에서 자신이 직접 직업이나 직무를 발굴하여 개인 사업자로 등록하여 일을 하는 것이다.

그동안 쌓아온 자신의 경력과 지식, 인적 네트워크, 관심사 등을 활용해 스스로 일자리를 만들어 내는 것이다. 예를 들어 유튜버, 프리랜서 활동, 개인 연구소 운영, 컨설팅 회사, 행정사나 부동산 중개사, 카페 사장 등 다양한 영역에서 활동할 수 있다.

개인사업 시대는 개인이 자유롭게 일하면서 스스로 돈을 벌 수 있는 구조를 만드는 시대로 그 어느 때보다도 개인의 능력을 최대한 발휘할 수 있는 기회다. 과거의 개인은 공동체에 소속되기를 강요받는 주변부에 불과했다. 개인의 성장을 소속된 회사의 네임밸

류(name value)로 평가하고 그 안에서 만족과 보상을 누렸다. 하지만 지금은 지식과 자본, 인적 네트워크, SNS와 첨단 IT기술로 누구나 독립적으로 일할 수 있는 시대가 되었다. 개인의 가치가 극대화될수록 삶과 일에 대한 기존의 패러다임을 넘어 전략적으로 나만의 콘텐츠를 개발하여 사회적 영향력을 확장해야 한다.

창직에 관심을 가진 은퇴자라면 '창업진흥원', '창업지도자협회' 등에서 관련 정보를 얻고 교육을 받을 수 있다. 서울시에서는 만 50~64세까지의 장년층에게 다양한 서비스를 제공하기 위해 서울시50 플러스센터가 있고, 창업전문가 과정도 개설되어 있다. 다만, 기관에서 교육을 수료한다고 해서 당장 창업이 가능한 것은 아니다. 창직의 개념과 그에 필요한 마음가짐을 익히고, 창직 사례 등을 배운다면 전공, 취미, 재능, 관심분야 등 각기 다른 개인들이 자신에 맞는 일을 만들거나 찾아낼 수 있을 것이다.

물론 창직이 말처럼 쉬운 일은 결코 아니다. 창직을 하는 데는 많은 노력과 투자가 필요하다. 이것보다 더 중요한 것은 사전에 창업에 대한 전문가의 도움이나 경험한 선배들의 조언을 가능한 많이 들어서 시행착오를 겪지 않도록 신중해야 한다.

#7

정년퇴직 후 재취업까지

인사혁신처의 퇴직공무원 전직지원 컨설팅사례모음집에 발표된 내용을 바탕으로 발췌하여 정리하였다. 주인공은 『고등학교를 졸업하고 청운의 꿈을 품고 사관학교에 입학 후 소위로 임관하여 경리장교로 19년간 직업 군인으로 생활하고 전역하였다. 전역 후 마침 군무원 서기관으로 다시 해군을 위해 일할 수 있게 되었다. 본부의 주요 보직을 거치면서 휴가도 반납하면서 군 발전을 위해 바쁘게 보내는 동안 눈 깜짝할 사이 시간이 흘러 2019년 12월 31일 정년퇴직을 하게 되었다.

정년퇴직 한 달 전 즈음이었을까? 문득 '이제 전역하면 뭐하지?'라는 생각이 들었다. 100세 시대라는데, 이제 내 나이 60세에 집에서 죽치고 놀 수도 없고, 취미로 하는 색소폰도 하루 두세 시간이지 뭘 해야 할지 막막해졌다. 나보다 먼저 정년퇴직한 절친한 선배를 만나 퇴직 후 어떻게 지내는지 물어보았다. 선배는 산불감시요원, 학교지킴이 등을 해봤는데 그것도 취업경쟁이 치열하다고 했다. 뿐만 아니라 택배, 고속버스 매표원 등 닥치는 대로 일을 했는데 모두 오래가지 못하고 나이나 체력문제 등으로 그만두게 되었다고 한다.

선배의 말을 들으면서도 내심 나는 경영학사와 경영학 석사 학위도 있고, 사회복지사, 일반행정사 자격증을 갖고 있으며, 보통 한 번밖에 못하는 과장직을 세 번이나 했으니, 그 정도의 경력이나 경험이면 사회에서 나를 필요로 하는 곳이 많을 것이라고 짐작되어 퇴직 후 재취업에 자신이 있었다. 취업정보를 통해 여러 군데 이력서를 작성하여 지원하였지만 서류심사에 합격했다는 연락은 오지 않았다. 정년퇴직 직후에 넘치던 자신감은 조금씩 줄어들기 시작했다. 다시 워크넷, HRD.net, G시니어, 국가인재데이터베이스, 사람인 등 구직활동이 가능한 모든 사이트에 가입하여 이력서를 올렸다. 그리고 매일 워크넷에서 사회복지사 채용공고를 찾고 지원하였다. 그래도 면접을 오라는 곳은 생기지 않았다.

아내에게 재취업은 걱정하지 말라고 했는데 점점 초조해지고 자신감이 떨어지기 시작했다. 코로나로 해외여행은 커녕 사회복지사 관련 취업이 더 어렵게 된 것이다. 더구나 나이 60세 넘은 사람을 내가 경영자 입장이라도 채용하고 싶지 않을 것이다. 취업 지원 분야를 넓혀보기로 했다. 군 경험을 살려 경리, 재무, 출납, 계약 등 내가 할 수 있는 모든 자리에 이력서 지원을 시작했다. 이것도 역시 아무 반응이 없었다.

눈높이를 더욱 낮추어서 대형건물, 은행, 아파트 경비 직무에도 구직지원을 하였지만, 결과는 마찬가지였다. 사회복지 분야에는 컴퓨터활용능력 자격을 요구하는 데가 많았다. 그래서 컴퓨터

활용능력 2급 시험에 도전하기로 마음 먹고, 열공한 끝에 필기시험과 실기시험에 합격하였다. 이제 컴활 2급자격증도 있으니 사회복지사 취업이 수월해질 것으로 기대했다. 그런데 면접 오라는데는 역시 없었다. 눈을 다른 지역으로 돌려 계룡시청에서 모집하는 각종 일자리에 관심을 가지고 도전했다. 그러던 중 계룡시 군 취업지원센터장 채용공고를 보았다. 드디어 그토록 원하는 서류심사에 합격, 면접을 보게 되었다. 그러나 결과는 불합격이었다. 이후로 계룡시 도서관 사서, 체육관 관리원, 길거리 청소 등 몇 개를 더 지원했는데 서류심사는 통과되어도 면접에서 계속 떨어졌다. 불합격 이유는 경력이 이렇게 화려한데 이런 일을 할 수 있겠느냐는 것이었다.

자신감은 떨어지고 다시 초조해지기 시작했을 때 한 지인이 너무 급하게 지원하지 말고 인내심을 갖고 느긋이 기다려보면 내 경력에 맞는 자리가 생길 것이라고 조언해주었다. 그래, 차분히 기다려보자! 하면서 집에서 눈치 보며 삼식이 노릇을 계속했다. 물론 설거지나 빨래 정리, 청소는 기본으로 집사람이 시키기 전에 했다. 이때 3개월간의 군 문화 강사교육이 생겨서 등록하였다. 매일 교육받고 점심도 준다. 집에서 나와 삼식이를 면해주니 너무 좋았다. 교육이 두 달 정도 지날 무렵 주간보호센터에서 사회복지사 면접을 오라는 전화를 받았다. 워크넷에 등록된 내 구직 정보를 보았다고 했다.

센터 대표는 면접에서 경력 때문에 채용을 망설였다고 했는데 나는 사회복지사 업무가 처음이지만 나이가 있으니 오히려 어르신들과 잘 어울릴 수 있고, 시켜만 주면 잘할 수 있다 하였다. 그렇게 주간보호센터 사회복지사로 채용되었고, 출근 후 한 달이 지나 첫 월급을 받으니 감개무량했다. 집사람한테 용돈으로 거금을 주고 나머지는 딸 아들에게 맛있는 거 한턱냈다.

이제 어르신들과 어느 정도 교감도 생기고 프로그램 진행도 능숙하게 한다. 평소에 노래 좋아하고 색소폰을 취미로 하면서 흘러간 트롯을 많이 연주했는데 어르신들이 흘러간 뽕짝을 좋아하니 금상첨화다. 노래 교실 시간이면 자신 있게 노래할 수 있다. 아마도 부모님께 못 한 효도를 센터 어르신께 대신하라는 하늘의 계시가 아닌가 싶다.

중도에 그만둔 군문화강사교육도 사회복지사 업무에 많은 도움이 되었다. 그러던 중 지인의 소개로 사무용품 납품하는 조그만 회사 경리팀장 제의가 들어왔다. 솔깃했다. 사회복지사를 그만두고 경리팀장으로 가볼까 하고. 그 회사 사장은 내 군경력을 보고 흔쾌히 오케이 했다. 고민했다. 급여, 출퇴근 시간, 근무여건, 장기근무 가능성 등을 판단한 결과 사회복지사 업무가 보람도 있고, 두 달이 지만 어르신들과 정들고 해서 그만두기 어렵다는 결론을 내렸다.

제2의 천직으로 생각하고 앞으로 흔들리지 말고 사회복지사 업무를 계속하리라 다짐했다. 이 나이에 어디를 가든지 오래가지 못하고 그만둘 수 있다고 생각되면서 자연스럽게 마음 정리가 되었다. 치매, 파킨스 등 각종 안 좋은 병에 걸려 고생하시는 어르신의 진정한 벗이 되고 싶기도 하였다. 어르신들의 선생님! 선생님! 고마워요! 하는 말씀에 하루의 피로가 확 풀리고 엔도르핀(endorphin)이 쑥쑥 올라가는 것을 느끼면서 사는 것이 가치있는 삶이 아닐까? 급여의 많고 적음도 중요하지만 보람 있는 일을 하는 게 얼마나 좋은지 깨닫게 되었다.

생각해보면 그동안 내 사고방식이 많이 바뀌었고, 공무원으로 지내면서 온실 속 화초처럼 살다가 세상 밖으로 나와 혹독하게 적응하며 살아가야 한다는 사실을 알았다.

앞으로 내 체력이 허락하는 한 사회복지사로 계속 일하고 싶다. 주간보호센터 대표님의 "우리 회사는 정년이 없으니 건강하게 오랫동안 같이 합시다."라는 말이 너무 고맙다. 지금은 모든 게 행복하고 감사할 뿐이다.』

4장

여가 활동

하루 일과, 주간, 월간, 연간 목표를 세우자

은퇴 이후 가장 큰 변화요인 중 하나가 여가시간에 대한 변화다. 시간이 많아지면 당연히 여가를 위한 시간도 많아진다. 이 시간을 어떻게 구성하고 배열할 것인가, 늘어나는 시간을 어떻게 쓸 것인가를 스스로 결정하게 되면 은퇴 후 삶은 질적으로 달라질 것이다. 그렇기에 길어진 삶에서는 여가시간과 투자를 위해 보내는 시간 사이의 균형을 맞추는 일이 아주 중요해질 것이다. 즉 여가시간의 활용은 사람들이 가장 관심을 두는 분야이다. 은퇴생활을 시작한 사람들에게 주어지는 가장 큰 괴로움은 주체할 수 없이 남아도는 자유시간이다.

현역 시절에는 일어나자마자 출근 준비하느라 식사도 제대로 하지 못하고 직장으로 출근하지만, 막상 은퇴 후 다음 날부터 은퇴자들에게는 출근할 직장도 없고, 해야 할 일도 없는 상황이 계속된다면 기다렸던 은퇴자의 희망이 아니라 절망감을 느끼는 무료함의 극치를 보게 될 것이다. 그래서 어디라도 좋으니 출근할 곳이 있는 인생이 행복하다고 하였던가? 하지만 평생을 직장 상사의 눈치와 조직의 굴레에서 벗어나서 자유의 몸인 줄 알았는데 다시 어딘가에 속박되길 원한다는 것은 옛날로 돌아가는 것을 의미하기 때문에 결코 바람직하지 않다.

이제부터 인생의 여백을 즐기며, 남이 시키는 일보다는 자신이 원해서 주체적으로 사회활동을 찾아서 즐겨야 한다. 현역 시절에는 남이 짜준 스케줄에 따라 수동적으로 활동했다면, 은퇴 후에 가장 먼저 해야 할 일은 나만의 생활 스케줄을 짜는 것이다. 그래서 하루 오전과 오후에 무엇을 할지 일과표를 짜고, 월요일부터 금요일까지 주중에는 무엇을 하고, 4주간의 월중 계획을 작성하고, 다음으로 연간 목표를 짜보는 것이 은퇴생활의 삶의 목적과 활동 방향을 안내하는 내비게이션(navigation)이 될 것이다. 실제로 하루 일과표를 다 채우지 못하고 포기하는 사람들이 상당히 많다. 자신의 앞에 백지 한 장을 가지고 그림을 그려서 하루 일과표를 작성하고, 주간일정, 월중 계획, 연간 목표를 작성해 보자.

시간활용에 대해서는 다양하고 유용하게 사용할 수 있다. 경제적인 재산을 형성하기 위해 시간을 쓸 수 있고, 기술을 배우거나 교육을 받을 수도 있고, 친구나 배우자, 자녀들과 여행을 할 수도 있고, 새로운 직업을 구하여 재취업할 수도 있고, 또 다른 삶의 방식을 채택하는 데 시간을 쓸 수 있다. 하지만 은퇴 후 생활 스케줄을 짤 때 몇 가지 기준을 고려해야 한다.

첫 번째로 시간을 죽이기 위해 억지로 짜 맞출 필요가 없다. 지금까지 직장생활을 숨 가쁘게 달려왔음에도 불구하고 계속해서 뭔가를 성취해야 한다는 강박관념을 가지고 있는 경우가 많다. 은퇴 후에도 목적을 두고 꼭 성취하겠다는 생각은 오히려 스트레스의 원인이 되므로 바람직한 것인지 생각해 볼 필요가 있다는 점이다.

두 번째로 삶에 여백을 둘 필요가 있다. 은퇴 후에는 바쁜 것보다는 덜 바쁘게 사는 마음 자세로 살아야 한다. 일과표도 시간 단위로 스케줄이 꽉 차 있는 생활보다는 여유와 느림이 있는 삶이 더 행복해질 수 있다.

세 번째로 TV 보는 시간을 줄여야 한다. 아마도 은퇴 후 대부분을 TV나 보며 소일하면서 인생이 왜 이다지도 지루하고 재미없냐고 불평할지 모른다. TV는 '바보상자'라고 불릴 만큼 무가치한 것이며, TV시청자는 '얼간이형 인격자'가 된다는 말이 있다. 행복하고 성공적인 은퇴생활을 하는 사람의 수는 TV 시청 시간에 반비례한다고 한다. TV 시청 시간을 줄이고 다른 취미활동을 적극 개발해야 한다.

네 번째로 배우자와 더 많은 시간을 보내도록 짜야 한다. 은퇴 이후에는 자녀를 양육하는 시간적·경제적 부담에서 벗어나게 되면서 부부관계를 더 돈독하게 보낼 수 있는 시간이다. 그래서 은퇴 후 최고의 친구이자 재산은 '배우자'라는 말이 있다. 부부가 함께 시간을 보낼 수 있는 취미나 여가 등을 계획표에 포함해야 한다.

다섯째로 사회참여와 봉사활동에도 관심을 보여야 한다. 자원봉사 활동은 사회공헌적 가치와 자기만족을 추구하는 여가활동으로, 자신의 삶을 보다 의미 있고 보람되게 만드는 활동이다. 노년학 연구에 따르면 남을 돕는 활동을 하는 은퇴자들은 생활 만족도가 높고, 사망위험도 낮아진다고 한다. 자원봉사는 남에게 자신을 베푸는 보람있는 여가활동이다.

마지막으로 일자리를 마련하여 자기활동의 영역을 기반으로 경제적인 자립 능력을 확보하는 것이다. 완전한 풀 타임의 일자리보다 파트 타임으로 일하면서 자기 생활에 만족함과 여유를 느끼는 일자리를 찾아야 한다. 이런 기준을 지켜가며 자신의 일과표, 주간·월중계획, 연간 목표를 세운다면 보람과 행복을 스스로 만들 수 있다.

#2

여가는 생활의 활력소

우리나라 은퇴자들이 가장 많이 고민하는 것이 일하는 것이고, 다음으로 많은 자유시간을 보내야만 하는 여가활동이다.

평생을 쉴 틈 없이 일하며 달려온 은퇴자들은 현역시절에 시간이 없어 취미생활을 하고 싶어도 여의치 않아 하지 못했던 취미와 여가활동이 은퇴하고 나면 얼마든지 가능하다. 여가는 은퇴 후의 삶을 풍요롭게 만드는 훌륭한 도구다. 그래서 여가활동은 육체적·정신적·심리적 자극으로 즐거움을 주고, 생활의 활력소이자 행복감을 높여주는 역할을 한다. 문화체육관광부 『여가백서』에 의하면 우리 국민들이 참여하는 여가활동은 휴식활동이 59.3%로 가장 많았고, 그 다음으로 취미오락 활동 20.9%, 스포츠 활동이 8.6%순으로 나타났다. 가장 많이 선택한 "휴식활동"의 세부내역을 보면 TV 시청비율이 40.1%로 가장 높고, 이어 산책이 21.0%, 친구·동호회 모임이 20.9%, 등산이 16.2%, 쇼핑·외식이 15.6%, 영화보기가 15.5%로 나타났다.

여가를 제대로 즐기려면 자신의 여가 스타일에 관해 어떤 유형이 적합한지를 개발하여 활동하여야 한다. 채준한 외(2017) 『은퇴후 여가 설계 가이드』에 의하면 여가활동 유형으로는 첫째 홀로형

(Solo style)으로 여가를 혼자 즐겨야 즐거운 유형이며 TV시청이나 독서, 신문읽기 등이 해당한다. 둘째 정신형(Mental style)은 여가를 정신적인 즐거움을 위해 즐기는 유형으로 악기연주, 요리 등이 해당한다. 셋째, 함께형(Group style)은 여가를 사람들과 함께해야 즐거운 유형으로 친구 만남, 동호회 활동 등이 해당한다. 넷째, 신체형(Physical style)은 여가를 신체적 즐거움을 위해 즐기는 유형으로 등산, 배드민턴 등이 있다. 평생동안 5가지 정도의 여가를 제대로 알고 즐긴다면 성공한 인생이라는 연구 결과도 있다. 여가를 연구하는 학자들에 의하면 여가 활동은 수동적인 활동과 적극적인 활동으로 분류할 수 있다. 수동적인 활동으로는 TV·영화보기, 스포츠 관람, 게임, 쇼핑하기, 낮잠, 연극관람, 미술관·박물관 관람, 독서 등 소극적인 여가로 활동량이 적은 간접적인 체험 활동적 성격이 있다. 적극적인 활동은 하이킹, 캠핑, 낚시, 수영, 골프, 스키, 축구, 탁구, 배드민턴, 스포츠댄스 등 야외 활동성이 강한 여가로 운동량이 많아 직접적인 체험 활동적 성격을 가지고 있다.

수동적인 여가활동은 현실적인 도전의 부재, 우선적인 목적의 부재, 낮은 수준의 자극, 단조로움, 그리고 호기심의 결여 등이 특징이다. 비록 이런 안전한 활동이 쾌락과 더불어 안락함을 제공해주기는 하지만, 장기적인 측면에서는 자기 만족이나 성취감이 떨어져 은퇴생활의 만족도는 떨어진다고 한다. 반면에 적극적인 여가활동은 주로 밖에서 하는 스포츠이자 직접 참여하는 운동으로 체력은 많이 소모되지만 스트레스 해소나 흥분과 모험으로 정신적·육체적 건강을 유지할 수 있다. 또한 은퇴 후 시작하는 사회활동의 기반이 될 수 있다. 수준 높은 여가활동을 위해서는 평생학습을 통해 관련 지식이나 기술을 배워야 한다. 그런 과정에서 동호회원 등 많은 사람들과 지속적으로 교류를 할 수 있으며 활발한 활동을 할 수 있게 된다. 이런 의미에서 자기성취의 만족감과 삶의 질을 풍요롭게 해줄 것이다.

삶의 시스템을 새로 짜자

직장은 우리에게 삶의 시스템과 공동체의 소속감, 인생의 목적이라는 세 가지 중요한 욕구를 충족시켜준다. 비록 좋은 직장이 아니라도, 지위가 높지 않더라도 누구나 직장에서 정한 엄격한 삶의 시스템에 의해서 생활 리듬과 보람을 가지고 살아가고 있다. 직장을 떠난 사람들은 직장이 제공한 이러한 시스템, 공동체, 목적을 포기하는 일이 예상했던 것보다 훨씬 어려운 일이 될 것이다. 은퇴자들에게는 그러한 구조화된 시스템이 없는 생활 리듬의 변화로 많은 은퇴자들이 심리적 불안정 속에 살아가고 있다.

은퇴자들이 직장을 떠난 뒤 무엇을 해야 할지 몰라 과거 직장 시절에 고생하고 스트레스를 받았던 일과 자신을 화나게 했던 상사나 동료들을 그리워하고 생각하곤 한다. 직장이 없다는 사실이 많은 은퇴자들에게는 불안하고 자존심에 상처를 받을 수 있다. 직장은 우리에게 많은 보상을 제공한다. 자긍심, 지위, 성취, 인정, 성장의 기회, 권력, 돈 등등. 그런데 직장을 떠나자마자 이런 보상들은 우리 곁에서 사라지고, 자신을 통제한 시스템도 사라지고 만다.

은퇴자들에게 온전한 삶을 위해서는 최소한의 시스템, 공동체에의 유대감, 목적이 있어야 한다. 은퇴 후 새로운 삶의 시스템을 짜야 할 이유가 여기에 있다. 은퇴 초기엔 삶의 시스템과 하루 일과가 느슨해지면 얼핏 좋을 것으로 보인다. 아침에 일찍 일어날 이유도 없고, 허겁지겁 식사할 필요도 없다. 시간 맞춰 참석해야 할 회의도 없고, 러시아워에 시달리며 출퇴근할 필요도 없다. 우리의 일상이 더 이상 시계에 얽매이지 않아도 된다. 우리 대부분은 삶의 시스템에 익숙해져 있어 이런 시스템 기능이 작동이 안 되면 불안하고, 생활 리듬이 깨져 심리적으로 불안과 혼란에 빠질 수 있다. 그래서 인간은 습관의 존재이고 일정한 틀이라고 불리는 "삶의 시스템"에 중독되어 살아왔다. 그래서 매일 반복되는 생활 리듬으로부터 심리적인 안정을 찾는다. 은퇴 후 이러한 시스템이 작동 안 되면 남아도는 시간은 지루하고, 무미건조한 삶으로 이어진다.

하지만 삶의 근간을 이루는 시스템은 다양한 방법으로 만들어질 수 있다. 과거에 직장에서 제공해주었던 일과를 대체할 나만의 새 일과를 창조하여 나의 스타일에 맞는 삶의 시스템을 짜야 한다.

은퇴 후 새로운 시스템에 적응하기 위해서는 현역 시절 직장에서 하던 생활방식처럼 아침에 일어나서 출근하듯이 운동을 하러 나가고, 카페에서 커피 마시고, 도서관에서 책을 읽거나, 신문이나 잡지를 읽고, 소일거리, 취미활동, 자원봉사, 대학이나 평생교육기관에서 강좌 듣기, 인터넷 강의 등으로 기본적인 일상을 요일별로 정해 놓아야 한다. 그리고 상황에 따라 출장 가듯이 친구 모임, 동호회 참석, 가족 여행 등을 계획하여 융통성 있게 시스템을 설계할 수 있어야 한다.

마음이 통하는 친구가 필요하다

행복한 은퇴 생활을 위해서는 인격적, 정신적 교류를 할 수 있는 친구가 필요하다. 두세 명만 있어도 충분하다, 진정한 친구 한 명이 백 명의 그저 그런 친구들보다 훨씬 낫다. 가끔 한 번씩 만나는 그런 사람들한테서는 진한 우정을 기대하긴 힘들 것이다. 특히 은퇴자는 과거 직장동료들에게서 진한 우정을 느끼며 기대하긴 힘들 것이다. 일로 만난 직장 내의 인간관계는 사실 동료나 상하 관계의 입장에서 연결된 딱딱한 관계이기 때문에 우정을 유지하기가 쉽지 않다. 실제로 은퇴하고 나면 직장동료와는 대부분은 단절된다.

최근 영국 일간지 '가디언'이 내놓은 기사 제목으로 'Do friends make you happier than family?(가족보다 친구가 당신을 더 행복하게 만들까?)'라는 기사는 친한 친구가 우리의 건강에 매우 큰 영향을 끼친다며, 반드시 찐친(진짜 친한 친구라는 신조어)은 가까이 두고 살 것을 권고하고 있다. 동 기사는 심리학자 윌리엄 초픽(William Chopik)의 연구를 소개한다. 초픽은 15세에서 99세 사이의 30만 명을 대상으로 조사를 벌인 결과 우정을 중시하는 사람들일수록 나이 들면서 더 건강하고 행복하다는 것을 발견하였다. 아울러 미국 브리검 영대학(Brigham Young University)의 심리학과 줄리언 훌트(Julian

Holt) 교수의 연구 또한 우정과 건강의 상관관계를 "친한 친구 없는 외로움은 하루에 담배 15개비를 피우는 것만큼 신체건강에 해롭다"라는 단 한 줄의 문장으로 강력하게 표현하였다.

은퇴가 다가올수록 지금 자신이 하는 일과 별 관련이 없는 사람을 친구로 두면 좋다. 친하게 지내면서 깊이 교제할 수 있는 친구를 두세 명 정도는 만들어야 한다. 만나면 마냥 즐겁고 일과 무관한 다른 취미생활을 함께 즐길 수 있는 친구면 괜찮다. 이들은 일단 내가 은퇴하면, 나와 많은 시간을 함께하고 싶어 하고 내게 관심을 가져주는 사람이어야 한다. 아내와 남편과의 관계가 아무리 좋다 해도 자신만의 친구는 필요하다. 은퇴하면 친구가 절실해질 것이다. 현대의 직장생활은 너무 분주하고 바쁜 생활에 쫓겨서 직장에 다니는 동안 친구를 사귀기는 쉽지 않다. 동창회 모임에도 가지 못한다. 그러다 갑자기 은퇴하면 시간이 많아서 친구와 함께 시간을 보내고 싶어도 씁쓸하게도 친구가 없다. 따라서 은퇴가 다가올수록 직장 내에서나 밖에서 마음이 통하는 친구나 모임을 통해 인적 네트워크를 구축해 놓는 것이 좋다.

하버드대 로버트 왈딩어(Robert Waldinger) 교수 연구에 따르면 다른 사람과 친밀한 관계를 잘 맺는 사람들이 더 행복하고, 더 건강하며, 더 오래 산다. 친구가 거의 없거나 고독을 느끼는 사람들은 병에 걸리거나 일찍 죽을 가능성이 훨씬 더 크다는 것이다. 전 미국 대통령 지미 카터는 "성공적인 은퇴 생활을 위해서는 두 가지가 중요합니다. 하나는 재미있다고 느끼는 일을 열심히 하는 것이고, 또 하나는 다른 사람들과 친밀한 관계를 맺는 것이죠. 그러면 깜박이는 TV화면 앞에만 앉아 있는 식물인간 같은 존재는 되지 않아요"

은퇴 후에는 취미생활을 같이할 수 있는 두세 명, 초등학교나 고교, 대학 친구에서 두세 명, 직장 내의 동기 모임, 같은 종교활동을 하는 두세 명 정도의 친구들을 만들어라. 성공적인 친구관계를 만들려면 모든 일이 쌍방향으로 이루어져야 한다. 진정한 친구라면 지루한 일을 함께 할 수 있고 그와 함께하는 시간이 즐거운 그런 사람이다.

진정한 친구란 내가 부자든 가난하든 나를 계속 좋아하는 사람, 내가 이룬 것과 관계없이 나를 좋아하는 사람, 불상사가 생긴다 해도 나를 욕하지 않는 사람, 자신이 어렵다고 해서 나를 이용하려 들지 않는 사람, 힘들 때 나를 버려두지 않는 사람, 같이 있으면 나를 편안하게 해주는 사람, 나의 사적인 비밀을 다른 사람에게 말하지 않는 사람, 내가 심각해졌을 때 나를 웃게 만들어 주는 사람이다.

은퇴 후 친구 외에도 다양한 사람들과의 이상적인 사교활동도 필요하다. 나이가 많든 적든 상관없다. 가능한 모든 연령층의 친구를 사귀면 인간관계가 역동적으로 변한다. 특히 자신보다 어린 사람과 절친한 관계를 유지하면 젊은 친구들이 신선한 에너지와 참신한 시각을 갖게 해 줄 것이고, 자신보다 나이 든 친구들이라면 그들의 삶의 지혜와 경험을 얻을 수 있다.

이어령 교수가 평생 살면서 후회한 한 가지에 대한 내용을 소개하고자 한다.

"존경은 받았으나 사랑을 못 받았다.
그래서 외로웠다.
다르게 산다는 것은 외로운 것이다.
남들이 보는 이 아무개는 성공한 사람이라고 보는데
나는 사실상 겸손이 아니라 실패한 삶을 살았구나! 그걸 느낀다.
세속적인 문필가로, 교수로, 장관으로 활동했으니
성공했다고 할 수 있을 것이다.
그러나 실패한 삶을 살았다. 겸손이 아니다. 나는 실패했다.
그것을 항상 절실하게 느끼고 있다.
내겐 친구가 없다.
그래서 내 삶은 실패했다.
혼자서 나의 그림자만 보고 달려왔던 삶이다.
동행자 없이 숨 가쁘게 여기까지 달려왔다.
더러는 동행자가 있다고 생각했지만
나중에 보니 경쟁자였다."

월간 공무원연금(2022.8월호)에 의하면 영국 출신 문화인류학자 로빈 던바(Robin Dunbar) 교수는 영장류의 사교 행위를 연구하다가 대뇌 신피질의 크기와 친구의 숫자가 관련 있다는 점을 발견하였다. 던바 교수는 인간의 경우 사회적 관계를 유지하는 최대 인원은 150명 정도라고 주장하였다. 그는 곤란한 상황에서 적극적으로 도움을 청할 수 있는 진짜 친한 관계는 5명 정도라고 하였다. 친구는 나를 믿어주는 사람이자 내가 믿는 사람으로 나이 들수록 "찐친" 5명은 반드시 지켜야 한다고 주장하였다. 그게 건강하고 행복하게 사는 가장 확실한 방법이라고 했다.

5장

사회 공헌

사회 공헌 활동

은퇴자의 사회 공헌 활동 참여는 새로운 인생을 설계하는 데 있어 하나의 일자리로서 의미 있고 보람찬 활동이다. 일반적으로 우리 사회에서 '사회 공헌 활동'은 기업의 사회적 책임(CSR: Corporate Social Responsibility)의 일환으로 기업이 사회에 갖는 책임 활동의 한 형태로 재정적 지원과 물질적 기부 등으로 사회적 가치를 추구하는 것으로 인식하고 있다. 하지만 오늘날에는 기업체의 활동을 넘어서 사회 구성원 개인도 자신의 경험, 지식과 기술을 기부함으로써 사회 공헌 활동에 직접 참여하여 사회적·공익적 가치를 추구하고 있다.

은퇴자의 사회 공헌 활동은 개인적인 입장에서 보면 여가시간을 활용하면서 건강관리에도 도움이 되며, 일정한 경제활동과 사회활동을 함으로써 자신의 능력을 활용하는 가교역할을 한다. 은퇴 후 사회 공헌 활동을 통해 재취업 또는 자원봉사를 하거나, 특히 전문직 은퇴자의 경우 '노블리스 오블리지(noblesse oblige)'차원에서 사회에 기여하면서, 경제적 소득보다는 경험과 전문성을 나눌 수 있는 제2의 인생을 펼치는 은퇴자들도 상당수 있다.

사회 공헌 활동으로는 지역사회운동, 지역복지 서비스 제공, 자원봉사, 시민참여, 재능기부, 프로보노(ProBono) 등이 많이 알려져 있다. 연구조사에 의하면 사회 공헌 활동은 은퇴자들이 자신의 지식과 재능, 사회적 경험과 전문성을 활용하여 사회에 봉사·공헌 함으로써 행복하고 보람된 삶과 건강한 은퇴 생활에 이바지하고 있는 것으로 나타났다.

사회 공헌 활동에 관한 한국교원대 윤혜순 석사논문 『퇴직 후 공무원의 사회공헌 활동에 관한 인식조사』에 의하면 공무원이 은퇴 후 시간을 보내는 방법으로는 재취업이나 창업(귀농·귀촌 포함)이 35.5%로 가장 많고, 다음으로 취미생활이 27.2%, 자기계발활동 19.6%, 사회 공헌 활동(자원봉사 활동 포함)이 13.% 순으로 가장 낮게 나타났다. 이는 사회 공헌 활동에 대한 인식이나 관심이 적다는 것을 보여주는 결과로 일반 회사원 은퇴자들의 은퇴 후 사회 공헌 활동에 대한 인식도 크게 다르지 않을 것으로 보인다.

미국 은퇴자 협회 조사 자료에 따르면, 미국 은퇴자들의 활동은 종교활동 42%, 자선 및 사회봉사활동 17%, 학교 재능기부 12%, 간병 봉사 또는 의료 봉사 9%, 정치적 활동 6% 등으로 나타났다. 사회 공헌 활동을 하는 사람의 비중이 40% 가까이에 달한다는 통계수치는 우리나라와 비교해볼 때 사회 공헌 활동에 대한 인식이 매우 높다는 것을 보여준다. 이는 은퇴자들이 향후 사회 공헌 활동에 대한 관심과 참여가 필요하다는 대목이다.

우리나라 대표적인 사회공헌 일자리 민간단체 희망제작소의 자료에 의하면 사회공헌 활동프로그램에 참여한 전문직 은퇴자들 400여 명 중 54%가 지역 시민단체, 대안학교, 사회적 기업, 국제 구호단체, 복지시설, 기존 비영리기관에서 상근활동이나 전문위원, 자원봉사자 등으로 활동하고 있다고 한다.

은퇴생활의 중심은 직장이 아니라 내가 살고 있는 지역사회 (community)이다. 선진국들에선 은퇴자들이 집에서 가까운 커뮤니티 시설에서 여가생활을 하고, 지역사회가 중심이 된 평생학습과 자원 봉사 활동에 참여하면서 활기찬 노후생활을 한다. 지역사회가 나서서 고령자들의 건강관리와 여가생활을 지원하고, 고령자들의 다양한 지식과 경험을 지역사회에 환원하는 프로그램에 참여하여 지역사회 공동체의 상생과 나눔을 실천하고 있다. 반면 우리나라에서는 아파트 중심의 생활문화에서 이웃 사람이 누구인지도 잘 모를 정도로 외로운 삶을 살아가고 있다. 그래서 은퇴를 하게 되면 소수의 친구 중심의 삶을 이어갈 수 있고, 자아를 실현하기 위한 공동체 기반을 찾아야 한다.

은퇴생활에 필요한 공동체는 경제활동, 봉사활동, 재능기부, 관심 분야 공유 등 목적으로 만든 모임에서부터 일상생활에서 수시로 만나서 마음을 나누고, 어려운 일이나 기쁜 일이 있을 때 공유할 수 있는 모임까지 다양하다. 은퇴자들은 나에게 맞는 강의 활동, 자기계발, 사회적 활동, 기부와 봉사 등 다양한 공동체를 직접 만들어 보는 것이다.

다음은 인사혁신처의 퇴직자 전직 지원 컨설팅 사례로 퇴직공무원의 사회 공헌 활동 내용을 소개하고자 한다. 주인공은 『공무원으로 재직하면서 국가의 혜택으로 단란한 가정을 이루었고, 만족스런 현재의 자신의 모습을 있게 해주었다. 따라서 퇴직 후에는 받았던 혜택만큼은 아니겠지만 누군가를 도울 수 있는 '사회 공헌 활동'을 하기로 마음을 정하여, '서울시50+보람일자리 사업 중「발달장애인 평생교육센터 지원단」에서 일할 수 있는 기회를 얻게 되었다. 지적장애나 자폐증세를 가진 발달장애인들과 일주일에 2일~3일을 함께 지내고 있었다. 주요 업무는 성인인 발달장애인이 일상생활 및 사회에서 혼자 자립할 수 있도록 돕는 프로그램에 참여하여 그들을 지원하는 역할이었다. 발달장애인들과 밥도 먹고 함께 생활해 보니 국가와 사회에서 장애인에 대해 관심과 배려가 필요하다는 인식을 갖게 되었고, 내 주변을 돌아보며 사회인으로서 성숙해지는 기회가 되었다.』

자원 봉사 활동

은퇴 후 노후 생활을 하다보면 첫 번째로 마주하는 것이 자신의 존재가치가 상실되는 것에 대한 어려움이다. 사회나 가족으로부터 자신의 역할이 없어지거나 축소되는 것이다. 이로 인한 자존감의 상실은 소외감과 열등감으로 이어져 우울증으로 발전하여 건강을 해칠 수 있다.

인간의 행복함과 동기를 부여하는 핵심은 의미와 가치가 있는 것을 할 때다. 은퇴 후 의미 있고 가치 있는 자기 역할을 찾아서 시간을 보내는 방법은 바로 자원봉사를 통해 사회에 기여하는 것이다.

연구조사 결과에 따르면 자원봉사에 참여하게 된 동기가 '보람을 느끼고 싶어서'가 60% 이상으로 가장 많았다. 자원봉사를 하고 난 후 기대 효과로는 '삶의 보람을 느꼈다', '새로운 사람을 만나 인맥이 넓어졌다', '관련 분야에 대한 교육을 받고 싶어졌다' 순으로 나타났다. 또 미시간대학교 연구에 의하면 자원봉사를 하는 은퇴자들은 하지 않은 은퇴자보다 향후 7년간 사망 위험률이 67% 낮다고 한다. 사회·봉사활동을 통해 은퇴자는 새로운 사람을 만날 수 있고, 일을 통해 자신의 존재감, 자존감을 가질 수 있다. 이처럼 타인에 대한 사회·봉사활동은 신체적·정신적 건강을 가져다준다. 향후 자원봉사에 다시 참여하겠다는 비율은 60%로, 지난 1년간 봉사 활동 참여 경험자 중에서는 95.6%로 대부분이었다. 자원봉사를 하려고 하면 물질적인 것에 대해 걱정하는 사람이 많다. 그러나 물질이 없어도 자신의 재능을 나누며 봉사할 수 있는 마음만 있으면 찾아서 할 수 있다. 물질이나 전문성이 없을 때는 몸으로 할 수 있는 다양한 봉사를 하면 된다. 취약계층 직장여성의 아기 돌보기, 장애 아동 통학 보조, 노약자·장애인 등의 목욕 보조, 독거노인 가정방문 돌봄이, 취약계층 급식 지원 및 도시락 배달, 시청이나 동사무소의 민원 행정 보조, 교통환경 캠페인, 종합병원 안내인 등 의지만 있으면 도움이 필요한 곳은 얼마든지 있다. 또 본인이 보유한 전문성을 사회에 환원하는 방법도 있다. 상담 봉사, 교육 봉사, 통/번역 봉사, 기술 봉사, 보건 의료 봉사, 법률서비스 등 재능 기부를 하는 것이다. 따라서 봉사 활동의 핵심은 망설이지 않고 일단 시작해보는 것이다.

은퇴 후 자원 봉사 활동을 잘하려면 어떻게 해야 하나? 우선 자원봉사의 목적을 잘 세우는 게 중요하다. 자신이 자원봉사를 왜 해야 하며, 그 과정에서 어떤 의미를 발견하고, 어려움이 발생할 때 어떻게 극복할 것인가를 스스로 몇 가지 고민해 봐야 할 사항들이 있다. 첫째로 주위의 권유를 받고 충동적으로 자원봉사를 한번 해보겠다고 참여했다가, 육체적으로나 정신적으로 힘든 일을 만났을 때 후회하면서 그만둘 수 있기 때문이다. 둘째로 자신이 가장 적성에 맞는 활동 분야와 대상을 선택해야 한다. 자신의 적성에 알맞은 일을 맡아 수행할 때 많은 성취감과 보람을 느낄 수 있다. 셋째로 자원봉사는 다양한 사람들과 교류하고 협력할 수 있는 계기로 활용한다. 다른 사람들과 어울려서 봉사활동을 하다 보면, 자연스럽게 친해지게 되어 외로움도 잊고 즐거움을 느끼게 된다. 마지막으로 검증된 봉사단체를 이용하여 봉사활동을 참여하게 되면 체계적이고 효율적으로 활동을 진행할 수 있다.

참고로 자원봉사 활동에 관계된 단체나 기관에 대해 관심을 갖고 싶다면, 전국지자체에 설치된 종합자원봉사센터나 1365자원봉사포털을 이용할 수 있다. 봉사단체로는 적십자, 한국시민자원봉사회, 한국해비타트, 공무원연금공단의 상록자원봉사단 등이 있으며, 사회복지단체로는 비영리단체로 사회복지공동모금회, 구세군, 홀트 아동재단, 한국 백혈병 어린이 재단 등이 있다. 해외 봉사단체로는 유니세프, 유네스코 청년회, 한국국제협력단(KOICA), 월드비전, 굿네이버스 등이 있다. 참고로 자원봉사 활동 기본법 제7조에서 정한 자원봉사 활동의 범위는 15가지 항목으로 명시되어 있으며, 각 항목별 주요 내용은 다음 (붙임) 표와 같다. 이와 같이 다양한 자원봉사 활동이 있으므로 자신에게 맞는 활동을 선택하면 된다.

봉사활동항목	항목별 활동내용
사회복지 및 보건 증진에 관한 활동	- 의료기관의 업무지원, 환자 대상의 간호 간병서비스, 건강교육 건강증진 캠페인 행사 보조
지역사회개발 발전에 관한 활동	- 지역사회 복지관의 업무 보조 및 행사 안내 등 - 지역봉사지원으로 활동, 지역사회 발전을 위한 캠페인 안내 및 보조, 지역 일손 도와주기 참여 등
환경 보존 및 자연보호에 관한 활동	- 환경 정화, 환경 보존 및 개선 활동 - 환경교육 활동 및 재활용 캠페인 참여
사회적 취약계층의 권익증진 및 청소년육성 보호에 관한 활동	- 사회적 취약계층을 대상으로 재능기부, 목욕,나들이 지원, 노숙자 쉼터 봉사, 음식 제공 보조, - 취약계층 가정방문 돌봄, 심리상담, 심리치료
인권 옹호 및 평화구현에 관한 활동	- 새터민, 외국인 노동자 대상 인권 옹호활동 지원, 탈북민자녀 대상 교육, 진로상담, 진로소개 - 인권 개선 및 모니터링 지원활동
교육 및 상담에 관한 활동	- 방과 후 교육, 평생교육, 특수교육, 기능 훈련 지원 - 심리상담, 그림 치료, 역할 치료, 전문상담
범죄예방 및 선도활동	- 어린이/청소년 안전 범죄예방 선도위원, 보호관찰 대상자의 범죄예방활동, 교도소 교화 활동 - 보호 소년의 교화, 법정 후견인, 상담보조원 등
교통질서 및 기초질서 계도	- 교통 안전봉사 활동, 혼잡시간 교통정리, 행사 교통정리, 교통사고 가정돕기, 안전운전 캠페인, 교통 안전교육, 교통사고 응급구조 현장지원 등
재해구조 활동	- 재난지역 구조 및 구호활동, 재난 재해지역 자율 방재단활동, 재난지역보수 활동지원
문화·관광·예술 및 체육 활동	- 문화행사 도우미, 관광가이드 및 해설 활동, 문화예술공연 봉사 활동, 공연장 안내 및 질서 유지, 생활체육 활동 지원
부패방지 및 소비자 보호 활동	- 피해 소비자 상담, 시장조사 활동, 통계조사 지원, 소비자 보호, 부패방지 모니터 활동 등 권익옹호 - 소비자 권익보호 활동 캠페인 지원
공명선거에 관한 활동	- 선거운동 자원봉사, 선거 계시요원 봉사, 선거운동 모니터링 활동, 부정선거 감시요원 활동 등
국제협력 및 해외봉사	- 국제활동 행사 통역, 번역 활동, 국제행사 안내 - 외국어 홈페이지 번역, 해외 자원봉사 등
공공행정 분야 사무지원 활동	- 공공행정 분야 사무보조 - 주민자치 활동 행사지원 등
공익사업 수행 주민복지 증진활동	- 자원봉사 상담 및 멘토링 - 청소년 금연지도 ; 자치방범활동 등

(출처 : 미래에셋 은퇴연구소)

세상은 넓었다, 그런데 갈 길을 잃다

인사혁신처의 퇴직공무원 전직지원 컨설팅사례모음집에 발표된 내용을 바탕으로 요약하여 정리하였다. 주인공은 『퇴직… 나에게 조만간 다가올 것이라고 생각하면서 나름 대비한다고 했지만 닥치고 보니 정말 막막하다. 아직은 체력적으로 젊고 뭐든 할 수 있을 만큼 건강하고 의욕이 넘치지만 사회로부터 밀려난 느낌이다. 세상은 넓고 할 일은 많다고 말하지만, 불현듯 맞이한 은퇴자가 갈 곳은 없다. 은퇴 후의 경험을 살리는 새로운 일자리에서 멋진 제2의 삶을 꿈꾸는 영화 같은 일은 오직 영화 속에나 존재한다. 현실은 영화와 다르다.

퇴직은 익숙한 세상과의 단절과 낯선 세상과의 대면을 초래한다. 지금까지 국가나 사회가 안정적으로 나의 일자리를 제공해준 것에 비해 이제는 나의 유용성에 대한 스스로의 증명만이 내 일자리를 찾아가는 유일한 도구이다. 이를 위해서 나의 능력을 끊임없이 증명해 보이고 남에게 알려야 하는 상황에 처하게 된다. 공직생활로 만들어진 권위와 지위의 그림자인 '내가 왕년에 이랬는데'라는 생각은 퇴직 후의 활동에서 선택의 폭을 제한한다. 그렇지만 자존감을 지키고 싶은 것도 내 앞에 놓여있는 현실이다.

아내와 같이 있는 시간이 길어질수록 비좁은 집 안에 대한 답답함이 밀려온다. 신경이 예민해진다. 퇴직하기 전에 생각해 놓은 많은 일들이 현실 앞에서는 하나도 생각이 나지 않는다. 그나마 떠오르는 것도 막연하기도 하고 때로는 지나치게 이상적이라 시도하기에 엄두가 나지 않는다. 퇴직 전에 내가 꿈꾸었던 무지갯빛 삶은 정말 무지개에 불과했나 보다.

다행히도 나는 지방대학에서 한 학기 강의를 맡게 되었다. 일주일에 한 번 2시간 강의를 위해 매주 몇 일간은 수업준비를 하였다. 그것은 나에게 다행이었다. 내가 할 일이 있고 갈 곳이 생겼다는 점이 기쁘다. 한 주일에 한 번 강의를 위해 고속버스를 타고 여행하는 즐거움도 생겼다. 가서 학생들과 마주하는 것도 즐겁다. 그렇게 한 학기가 끝났다. 그나마 강사법 시행으로 다음 학기로 이어지지 못했다.

나의 로망을 실현하기 위해 재능 기부의 길을 모색하였다. 오랜 직장생활로 축적된 나의 경험을 사장시키는 아쉬움은 항상 남아 있었다. 나는 나의 강의를 통한 재능기부로 방향을 잡았다. 은퇴자의 재능기부 활동은 자신의 경험을 바탕으로 하기 때문에 자신에게 잘 맞는 제2의 삶이 찾아질 가능성이 높다고 생각한다. 나는 강의가 필요한 곳은 전국 어디든 무료로 해주겠다고 카카오톡의 배경화면으로 알렸다. 하지만 나의 강의력이 검증되지 않았기 때문에 강의를 요청하는 연락은 없었다.

다행히 공직자 퇴직자 컨설팅 프로그램을 통해 내가 하고자 하는 재능기부와 강의를 필요로 하는 곳과의 연결이 있었다. 구치소 재소자 대상의 인성교육으로 비록 일회성이기는 하지만 내가 재능기부로 시작하려는 강사활동이 나에게 맞는지 탐색하기에는 좋은 기회였다.

퇴직 이후 내가 오랫동안 하고 싶어 했던 일 등 다방면의 탐색 끝에 인문학과 교육학을 공부해 온 나에게는 나의 경험을 나누어 줄 있는 강사가 적합한 길이라는 생각이 서서히 점차 굳어져 가고 있었다. 컨설팅 담당자를 통해 KPO명강사협회를 소개 받아서 연수과정을 마치고 나니, 협회의 정회원으로 등록되어 강사의 길을 걷기 시작하였다. 나의 경험과 지혜를 사장시키지 않으면서 나를 분발하게 하고 긴장하게 하는 활동이 있다면 제2의 삶은 활력 있고 보람찰 것으로 생각했다. 강사는 그런 면에서 나에게 적합하게 생각된다.

지역자치구에 재능기부 신청서를 접수했다. 그 결과 "역사에서 배우는 자녀교육 방법, 4차 산업혁명 시대, 우리 아이 어떻게 키우나"라는 주제로 촬영을 마쳤다. 나는 강사활동을 위해 오늘도 열심히 자료를 찾고 메모하면서 공부하고 있다.』

6장

귀농 귀촌

도시에서 시골로

대다수 도시 직장인들이 중도에 회사를 그만두거나 은퇴를 하게 되면 조용한 전원생활을 하고 싶은 꿈이 있다. 그 이유가 뭘까?

각박하고 치열한 회사 생활, 복잡한 도시 생활과 혼잡한 대중교통 지옥 속에서 출퇴근 시간에 쫓기고, 다른 사람들과의 속도를 맞추기 위해 경쟁을 하며 살다 보면, 힘들고 스트레스를 받는 회사 생활에서 한적한 산속으로 떠나고 싶을 때가 한두 번이 아니었을 것이다. 미래에셋은퇴연구소 자료에 의하면 은퇴한 남자들은 전원생활이 가능한 시골에서 전원주택 생활을 하고 싶다는 의견이 75%로 나타난 반면, 여자들은 65%가 수도권이나 대도시에서 문화, 편의시설 가능한 아파트를 선호하고 있다고 나타났다. 모 방송 프로그램「나는 자연인이다」시청자 대부분이 남성이라는 이유를 수긍할 수 있는 대목이다.

전원생활은 은퇴자뿐만 아니라 대다수 도시인이 가지고 있는 꿈일 것이다. 그러나 꿈과 현실은 아주 다르다. 도시 생활의 편리함에 익숙함을 뒤로하고 주거지를 시골로 옮기는 전원생활은 생활 터전이 완전히 바뀌는 것이므로 도전하기 쉽지 않은 나이다. 실행하기 전에 돈이 많이 들어가는 문제이므로 배우자와 충분한 협의를 통해 결정해야 한다. 그래서 은퇴 후의 전원생활은 꿈과 현실에 부딪치는 어려운 선택인 것으로 본다. 전원생활은 장점도 있고, 단점도 있으므로 고려해야 할 부분이 많다.

전원생활 장점으로는 혼잡한 도시에서 벗어나 아름다운 자연환경 속에서 지내다 보면 스트레스가 크게 줄어들고, 생활 만족도 또한 높다. 우리나라 경우 4계절이 뚜렷하여 봄에는 사방 천지가 예쁜 꽃으로 덮여있고, 여름에는 주변 산천초목이 신록으로 푸르고, 가을에는 붉은 단풍으로 온 산이 붉게 물들고, 겨울이 오면 하얀 눈으로 산과 들이 백색 천으로 덮여버린 아름다운 모습에 취한다. 공기 맑고 물 좋은 환경에서 텃밭에 가꾼 채소라든지 산에서 나는 나물을 채취하여 밥상에 올려놓으면 건강식 그 자체이다. 미국의 코넬대학 고령화연구소센터의 연구 결과에 따르면, 아름다운 자연 속에서 동식물과 어우러져 사는 노인들이 정신적으로 인격적으로 훨씬 더 풍요로운 삶을 영위한다. 또 건강이 좋아지고 수명이 증가하는 효과도 큰 것으로 나타나고 있다고 한다.

하지만 단점도 많이 있다는 것을 생각해 두어야 한다. 시골에서 전원생활을 하게 되면 도서관, 영화관, 문화시설이 아예 없거나 부족해 여가활동이 어렵게 된다. 만약에 몸이 아프거나, 또 응급상황이 발생했을 때 병원을 갈 수 있는 거리 또한 멀기 때문에 고령으로 인한 골든 타임 치료의 어려움이 발생할 수 있다. 아울러 친구와의 교류나 만남이 끊어질 가능성이 높아진다. 무엇보다도 도시

문화 중심으로 익숙한 생활들이 시골로 이사할 경우 외로운 섬 생활이나 다름없을 수 있다. 결정적으로 서두에서 언급한 것처럼 아내의 반대가 생기게 되어 부부관계가 소원할 수가 있다. 대체로 여성들은 남성에 비해 훨씬 다양한 공동체를 가지고 있다. 이러한 모임에 자주 참석하지 못한다는 것은 정서적으로 참기 어렵고, 특히 자녀나 손주들과 멀리 떨어져 사는 것을 불편해한다. 그래서 남편들은 전원생활을 선호하지만, 아내들은 싫어하는 경향을 보인다.

전원주택을 짓거나 고를 때 시행착오를 겪지 않으려면 몇 가지 고려해야 할 사항을 꼼꼼하게 검토해야 한다. **첫째, 주택 구입 비용이나 건축자금 조달 문제를 꼼꼼히 따져봐야 한다.** 만약에 새로 주택을 신축할 경우 건축비 외에 집을 짓는 과정에서 마을 주민들의 도움이 필요하기 때문에 사전에 마을 이장을 통해 협조를 받아야 한다. **둘째, 편의시설 접근성 문제를 살펴봐야 한다.** 농촌에선 마트, 병원, 은행 등의 생활편의 시설이 없거나 멀리 떨어져 있어서 불편함이 크다. 운전하기 어려운 상태에서 집과 거리가 멀리 떨어져 있는 생활 편의시설을 이용하기란 여의치 않을 수 있다. **셋째, 전원생활을 평생 할 수 없을 경우를 대비하여 주택 매각 가능성을 생각해 두어야 한다.** 전원주택을 구입하거나 신축할 경우 많은 돈이 들어가기 때문에 팔 때 제값을 받을 수가 없다. 더구나 거래량이 많지 않아서 다시 도시로 이사를 하고 싶을 때 매각하기란 쉽지 않다.

따라서 전원생활을 성공적으로 지낼 수 있는 방법 몇 가지를 소개한다. **첫째, 세컨하우스 개념으로 별장형 전원생활을 해보는 것이다.** 자신이 선호하는 시골에 작은 집을 별장처럼 지어서 도시생활과 전원생활을 병행하는 절충형이다. 일반적으로 전원생활을 3년 정도 지내면 생활의 불편함과 관리의 문제점 등으로 유턴하는 경우가 많다. 별장형의 작은 주택을 지어 몇 년간 살다 보면 자신이 몰랐던 전원생활의 불편한 점을 파악하고 대처하는 방법도 터득하게 된다. **둘째, 주말형 간이 주택형으로 지내는 방법이다.** 주로 도시에서 생활을 하면서 주말에만 이용하는 간이 주택형으로 시골의 빈집을 개조하거나 저렴한 임대료를 주고 사용하는 것이다. 시골 주택 옆에 작은 텃밭을 일구며 가족과 함께 바비큐도 해먹으면서 나들이형으로 지낼 수 있다. **셋째, 한 달 살이형으로 지내는 방법이다.** 조용한 도시 근접한 시골이나 제주도 등에 한 달 정도 집을 임차하여 생활하는 것이다. 일정 기간 자신 홀로 지내거나, 부부가 함께 휴식도 취하면서 주변 관광지를 구경하는 여유를 즐길 수 있다.

전원생활의 꿈은 자연에 산다는 것, 자신에게 집중하며, 나만의 속도를 찾는 것이다. 도시에서 벗어나 시골로 삶의 공간을 바꿔봄으로써 잃어버린 자신을 찾고, 새로운 인생 후반전을 시작하는 삶의 여유를 즐기고, 도시 생활에서 지친 몸과 마음의 상처를 치유하기 위한 것이다.

전원생활은 혼자 열심히 산다고 하여 성공하는 것은 아니다. 가족의 협조를 얻지 못하고, 시골 사람들과 잘 소통하지 못하면 실패할 확률이 높아질 수도 있다는 것을 명심해야 한다.

귀농과 귀촌

도시에서 직장생활을 마친 은퇴자들이 혼잡한 도시 생활을 접고 시골생활에 대한 짙은 향수를 가지고 귀소 본능으로 귀농·귀촌을 하려고 하는 경우가 늘고 있다. 베이비 부머 세대들이 직장에서 퇴사하고, 농사 경험이 있든 없든 한가한 노후생활을 위해 농촌으로 회귀하는 현상이 나타나고 있다. 귀농·귀촌은 '사회적 이민(social immigration)'이라고 할 만큼 개인적인 삶의 패러다임을 바꾸는 큰 사건이다. 거주지를 옮기는 단순한 이사가 아니라, 생활양식과 일터, 환경 면에서 매우 큰 변화를 동반하는 중요한 결정이라는 뜻이다. 성공적인 귀농과 귀촌을 위해서는 당연히 많은 조사와 노력이 필요하다. 특히 농사를 겸하는 귀농을 할 때에는 사전교육을 충실히 받는 등 세심한 준비를 해야한다.

은퇴자들에게 찌든 도시생활이나 직장생활에서 벗어나 귀농이나 귀촌은 마음의 고향이기도 하기 때문에 동경하고 있다. 그러나 막상 고향에 돌아가 보면 내가 생각하던 어린 시절의 고향은 어디에도 없다. 오히려 도시보다 더 각박하고 배타적인 시골의 삶에 적응하지 못하고 실망하여 다시 역 귀향하는 사람들도 많다.

농림축산식품부 통계자료에 따르면 귀농 이유로는 자연환경이 좋아서가 30.5%로 제일 높고, 농업의 비전 및 발전 가능성 20.3%, 가업승계 13.1%, 가족 및 친지와 가까이 살기 위해 11.6%, 도시 생활에 회의를 느껴서 8.5%, 본인이나 가족의 건강상의 이유 7.8%로 나타났다. 다음으로 귀촌의 이유로는 농산업분야 외 직장취업이 24.1%로 가장 높고, 정서적으로 여유로운 생활을 위해 15.3%, 자연환경이 좋아서 13.7%, 저렴한 집값(주거비용) 때문에 9.6%, 가족 및 친지와 가까이 살기 위해 8.9%, 본인이나 가족의 건강상의 이유 8.1%로 나타났다. 또한 귀농과 귀촌의 유형을 보면, 귀농의 경우 농촌에서 태어나 도시 생활 후 연고지로 택한 사람이 57.6%로 가장 높고, 농촌에서 태어나 도시 생활 후 비연고지로 택한 사람이 21.1%, 도시에서 태어나 비연고지로 택한 사람이 15.1%, 도시에서 태어나 연고지로 택한 사람이 6.1%로 나타났다. 다음으로 귀촌의 경우 도시에서 태어나 비연고지로 택한 사람이 33.8%로 가장 높게 나타났으며, 농촌에서 태어나 도시 생활 후 연고지로 택한 사람이 28.6%, 농촌에서 태어나 도시 생활 후 비연고지로 택한 사람이 28.4%, 도시에서 태어나 연고지로 택한 사람은 9.2%로 나타났다.

귀농을 추진할 때는 농사를 통해 자신이 얻을 수 있는 소득 규모와 자녀교육에 대한 고려도 해야 한다. 농촌 생활은 도시 생활과 교육여건이 매우 다르기 때문이다. 또한 영농기술과 영농기반 없이 무작정 귀농하거나 귀농 후 마을주민과 원만한 관계를 형성하지 못하면 실패할 가능성이 높다. 최근 한 언론은 귀농에서 성공할 확률은 20%~30%밖에 되지 않는다고 분석하였다. 가능하면 40대 이전에 귀농하는 것이 실패 확률을 줄이는 것이라고 지적했다. 그만큼 귀농이 어렵고 힘든 결정이라는 의미일 것이다.

은퇴자들에게 도시 직장생활을 거의 30년 가까이 하다가 시골로 가서 귀농·귀촌 생활을 하는 것은 '꿈이 아니라 현실이다' 철저한 준비가 없으면 성공하기 힘들다. 그러므로 귀농·귀촌자가 늘어남에 따라 많은 지자체에서는 박람회 등을 개최하여 지역특산물 장려와 함께 귀농·귀촌 정착지원 정책 설명회 등을 운영하고 있다. 또한 다양한 프로그램을 만들어 귀농교육과 귀촌교육도 실시하고 있다. 수도권에 사는 사람들은 서울시농업기술센터, 경기도 농업기술원, 경기농림진흥재단, 각 지자체 산하 농업기술센터에서 교육을 받을 수 있다. 여러 민간·공공기관에서 시행하는 다양한 온·오프라인 귀농·귀촌 교육과정이 있다. 정보를 얻고 싶으면 농어업인력포털, 농진청 농촌인적자원개발센터, 농식품교육문화정보원, 귀농·귀촌종합센터 등을 이용하면 필요한 정보를 얻을 수 있다.

[농림식품부가 선정한 귀농·창업 지원기관]

기관	과정	항목별 활동내용
(사)농촌으로 가는길	귀농·귀촌 마스터플랜실습과정	063-432-0604
전북귀농귀촌학교영농조합	도제식 귀농교육	063-537-3600
전남 친환경농업영암교육원	친환경 과원조성	061-472-3115
한국식품정보원	농식품가공사업 창업/양성 과정	02-2671-2690
전국농업기술자협회	귀농창업종합과정	02-794-7270
한국농수산대학산학협력단	특용작물 활용 귀농창업과정	031-229-045
가자유성농장으로	농부와 함께 한 해농사 체험	042-863-8822
한국농식품직업전문학교	귀농귀촌 나침반과정	02-597-5157
㈜MBC아카데미	현장체험형 귀농창업과정	02-2240-3855
단국대 천안캠퍼스산학협력단	귀농창업 탐색과정	041-550-3620
고려아카데미컨설팅	도시직장인을 위한 귀농아카데미	02-2106-8816
전략인재개발원	뉴라이프 귀농창업과정	053-653-0100
한국방송대 경기산학협력단	천연발효과정	031-241-2727
농협경주환경농업교육원	귀농탐색 실습과정	054-751-4100
서천군귀농인협의회	귀농합숙교육	041-952-2116
서울특별시새마을회	귀농창업 부자들의 이야기 과정	02-2216-1881
대경직업능력개발원	나무부자 창업과정	053-961-1133
영진전문대학 평생교육원	귀농창업 혁신프로그램	053-950-5185
여주농업경영전문학교	실습중심 과수기초교육	031-883-8272
화천귀농전문학교	영농조합법인	033-442-6233

(출처 : 농림식품부 귀농귀촌 지원정책자료)

#3

전원생활 삶의 이야기

은퇴자들에게 전원생활은 희망이자 꿈일 수 있지만 막상 실행하려고 하면 머뭇거릴 수밖에 없다. 선배들의 시골 생활 시작부터 정착하기까지의 현장 이야기를 전달하고 싶었다. 그래서 월간 〈전성기〉 매거진에 소개된 '시골에서 인생 2라운드'를 시작한 명사들의 전원생활 이야기 중 일부를 발췌하여 소개하고자 한다.

- 1 -
자연에 산다는 것,
자신에게 집중하며 나만의 속도를 찾는 것(J)

저는 자연에서 누리는 행복이 너무 커요. 하지만 모두에게 다 좋은 것은 아닐 겁니다. 분명 어려움도 있어요. 예를 들어 파리, 모기는 물론이고 도시에서 본 적 없는 곤충과 벌레들이 사시사철 함께하고 뱀도 있지요. 매일 보는 건 아니지만, 아침에 일어나서 오늘 뱀을 안 보면 참 좋겠다 기도할 정도거든요. 그리고 하루는 고라니가 일궈놓은 텃밭을 망쳐놓은 적도 있었죠. 그러니 벌레나 곤충, 야생동물에 공포심을 가진 분이나 알레르기 질환이 있는 분은 일상생활 자체가 너무 힘든 거죠. 그리고 사람들과 어울려 사는 것이 불편한 분도 있어요.

이런 분들은 적응하기 어려울 겁니다. 또 하나 중요한 게 있어요. 나뿐 아니라 함께 지내는 가족들의 자발적인 동의가 필요하다는 거예요. 배우자가 끝끝내 반대하는데도 우격다짐으로 내려왔다가 결국 실패하는 경우를 종종 봤어요. 저 푸른 초원 위에 그림 같은 집을 지어도 사랑하는 님이 없으면 그게 무슨 재미가 있겠어요. 마지막으로 도시 생활에 익숙해진 사람이라면 아무런 준비 없이 와선 적응하기 힘들 수밖에 없어요. 자연의 이치를 배워야 하고 준비해야 하거든요. 텃밭을 가꾸지 않더라도 내 집 앞에 우거진 넝쿨 정도는 낫으로 쳐낼 줄 알아야 시골 생활이 가능하겠지요.

치열한 경쟁을 하며 도시에 살다가 그걸 다 내려놓고 자연에 살다 보면 도시에서와는 결이 다른 또 다른 성취감과 보람을 느끼게 돼요. 시골에서는 돈에 치이고 시간에 쫓겨, 하지 못했던 취미나 진짜 하고 싶었던 것들을 해보는 환경을 충분히 만들 수 있어요. 그게 자연에서 누리는 행복이죠. 다른 사람의 속도에 맞춰 전전긍긍하며 살 필요 없이 온전히 자신에게 집중하며 나만의 속도로 살아가면 되는 거죠.

자연인의 꿈을 꾸지만 무엇부터 시작해야 할지 모르고 망설여지는 분들은 자연에 살겠다 마음먹었다면 어디가 좋을지 탐색하는 시간을 가지는 것이 우선입니다. 살고 싶은 지역을 정했다면 바로 땅을 구입해도 되지만, 지역을 알아가는 연습을 하고 싶다면 마을 이장이나 면사무소, 마을 주민을 찾아가 1~2년 정도 텃밭을 일궈볼 만한 땅이 있는지 문의해 보세요. 아마 충분히 빌릴 수 있을 거예요. 한 달살이로 시작해도 좋고, 1~2년 정도 지낼 만한 집을 구하는 것도 어렵지 않죠. 처음부터 너무 많은 것을 갖춰놓고 시작할 필요는 없으니 하나씩 일궈보세요. 도시보다 훨씬 관대하고 정직한 자연의 시간에 속도와 방향을 맡기고 서두르지 않고 성실하게 말이죠.

- 2 -
잘 나가던 광고 회사 대표는 왜 산으로 갔을까?(K)

인생 2라운드를 설계하면서 건강한 삶을 최우선으로 꼽았습니다. 인생의 절반을 정신없이 살았으니 나머지 절반은 건강을 챙기면서 좀 여유 있게 살고 싶었지요. 물론 일정 수준 이상의 경제활동도 필수였죠. 건강과 일, 두 마리 토끼를 잡으려면 '지속 가능한 삶'이 필요했어요. 은퇴 후에 어떤 삶을 살지 고민하던 중 제 마음을 쿵 두드린 문장이 있었습니다. "우리는 일을 멈추는 순간부터 급속하게 노화가 시작된다"라고 세계적인 동물학자 데즈먼드 모리스(Desmond J. Morris)가 한 말이다. 이것을 뒤집어 말하면, 일하는 것 자체가 우리를 건강하게 만든다는 의미예요. 저 또한 건강하게 사는 게 먼저여서 건강을 위해 평생 할 수 있는 일을 찾아야겠다고 생각했고, 결국 산에서 그 답을 찾았어요. 세상은 빠르게 바뀌어도 산은 오랫동안 변함없잖아요. 언제나 한결같은 산속에서 산이 주는 작물을 캐면서 살아가야겠다고 생각했습니다. 제가 강원도 인제에서 정착하기 위해 현장 답사만 꼬박 2년이 걸렸습니다. 양구, 영월, 평창, 태백, 홍천, 김천, 무주, 순천 등 많은 지역을 답사했지요. 각각 그 나름대로 괜찮은 조건을 갖추고 있었지만 마음에 쏙 드는 곳은 없었어요. 그렇게 현실과 타협해야 하나 갈등하던 무렵, 뜻밖의 작은 인연을 만나게 되었습니다. 제가 다니던 광고 회사에 막내 카피라이터가 있었어요. 오랜만에 같이 저녁을 먹으면서 얘기하던 중 그 친구의 형이 마침 강원도 인제 소치마을에 사무장으로 있으니 연락해 보라고 하더군요. 곧바로 그분에게 연락해 산에 살면서 농사를 짓고 싶다고 얘기했는데, 그분은 귀농이 아니라 귀촌한 경우라 특별히 도움을 받을 게 없더군요. 그런데 마침 그분 뒷집에 제가 꿈꾸던 일을 하는 사람이 있다며 한 분을 소개해 줬어요. 그분이 바로 지금의 멘토예요.

당시 살 곳을 해결하기 위해 멘토의 집 앞에 컨테이너를 개조해서 살기 시작했지요. 주변에선 처음부터 너무 척박하게 시작하는 게 아니냐고 걱정했지만, 제 인생에서 손꼽을 만큼 잘한 선택이었습니다. 컨테이너 생활이 편하진 않지만 무작정 살아보니 기회가 생겨요. 도시에서 아무리 시골의 빈집을 찾아봤자 제대로 된 집이 안 나와요. 막상 빈집이라고 내놓은 집은 그야말로 주인도 살기 애매해서 내놓은 곳이죠. 진짜 살 만한 빈집은 마을 사람들만 아는 특급 정보예요. 제가 살고 있는 66㎡(20평)짜리 집도 마을 사람들의 추천 덕분에 얻었죠. '괜찮은 집이 생기면 귀농해야지'는 안일한 생각이예요. 조그마한 거처라도 생기면 일단 뚫고 들어가 마을 사람들과 관계를 맺고 지내다 보면 없는 집도 만들어집니다.

- 3 -
어디서든, 다 살아지게 된다(O)

누구나 한번쯤 새로운 곳에서 살아보는 것을 꿈꾸지만 사실 결코
쉬운 일은 아닙니다. 친구들도 어쩌면 그렇게나 쉽게 삶의 거점을 옮
길 수 있었냐고 물어요. 하지만 전 오히려 나이가 들어서 쉽게 옮길
수 있었던 게 아닌가 생각해요. '산전수전 공중전까지 다 겪었는데
뭘 못 해보겠어'하는 배짱이 있었던 거죠. 나이가 주는 뱃심이랄까
요? 그런데 실제로 물리적 공간이 바뀌니 삶의 관점도 백팔십도 바
뀌더군요. 지금까지와는 전혀 다른 관점에서 사물도, 사람도, 제 인
생도 돌아보게 됐어요. 제가 아직 서울에 살았다면 여전히 지하철역
에서 뛰면서 3분 후에 또 올 지하철을 1분이라도 먼저 타려고, 앞사
람을 제치고 있었을 겁니다. 저도 남에게 짐이 되는 존재일 텐데 다
른 사람을 짐처럼 여기면서 '왜 이렇게 사람이 많은 거야!'라고 불평
했겠지요.

사람들은 계속 제주에서 살 거면 집을 사는 게 좋지 않느냐, 집값
도 오르는데 불안하지 않으냐고 하지만 제가 제주에서 사는 이유는
아름다운 풍경을 누리기 위해서예요. 제 소신 중 하나가 '누리되 소
유하지 않는다' 입니다. 집을 사는 순간 그 집에서만 살아야 될 것 같
잖아요. 하지만 전 집이 없기 때문에 오히려 자유롭게 여기저기에서
살아볼 수 있는 것이지요. 누군가 그러더군요. Nowhere(아무 데도 없다)
는 곧, Now here(지금 여기)라고.

삶의 속도와 방향에 대한 고민이 깊어지는 중년들에게 조언을 해

드린다면은, 제주도 사람들이 많이 하는 말이 있어요. "살면 살아진다"거든요. "너무 큰 걱정과 고민으로 스스로를 힘들게 하지 말아라, 다 살아지게 된다"고 하세요. 사람들은 자신의 문제를 스스로 다 해결해야 한다고 생각하는데, 그렇지 않아요. 제가 '목욕탕 원리'라고 부르는 게 있어요. 어차피 자기 등은 스스로 못 밀잖아요. 그러니 혼자 끙끙대지 말고 주변에서 멘토를 찾으세요. 운이 좋게도 저에겐 늘 멘토가 많았는데, 제주에 오니 주변의 할머니, 할아버지들이 저에게 멘토가 되어주시네요. '다 살아진다'는 이 한마디로요.

- 4 -
전직 서울시 공무원이
시골 마을 반장이 된 비결(J)

고향은 아니지만 가평은 서울과 멀지 않으면서도 한적한 시골 풍경을 간직한 곳이예요. 명예은퇴 전 1년 정도 서울과 가평을 오가며 생활했는데, 시간이 갈수록 이 마을이 너무 좋은 겁니다. 그래서 은퇴 후 고향으로 내려가려던 계획을 접고 이곳에 정착하게 됐습니다. 가평군 설악면 설곡리 옻샘마을은 170여 가구 약 300명이 살 만큼 규모가 있는 마을입니다. 오랫동안 제갈 성씨의 집성촌이었지만 최근 귀촌인들이 정착하면서 이들이 마을 인구의 60%를 넘었지요. 마을 주변으로 잣나무 숲이 병풍처럼 둘러싸고 있으며, 자연환경도 잘 보존되어 있습니다. 마을 반장을 맡을 정도로 시골 생활에 잘 적응할 수 있는 비결은 시골 사람답게, 동네 사람답게 살면 됩니다. 너무 당연하지만 아주 중요한 자세죠. 비슷한 시기에 귀촌한 어떤 분은 6년 동안 살았는데도 마을에 아는 사람이 한 명도 없다고 하더군요. 귀촌해서 담 치고 대문 달고, 거기에 CCTV까지 설치한 분도 봤습니다. 시골에 와서 도시에서처럼 살면 적응하기 어렵습니다. 저에게 집을 파신 분도 귀촌해서 10년 정도 살았다고 하더군요. 제가 이사 온 후 주민들을 초대해 식사 대접을 했는데, 다들 10년 만에 이 집에 처음 와봤다고 하셨어요.

그 외에도 귀촌 생활을 풍요롭게 하는 것은 일과 취미입니다. 일은 소일거리를 말합니다. 봉사 활동, 텃밭 가꾸기 등입니다. 시골에서도 봉사할 게 많아요. 두 번째는 취미 생활입니다. 농한기나 비 올 때 저는 붓글씨를 쓰고 색소폰을 연주합니다. 공직 생활을 하면서 15년 이상 서예와 색소폰을 배웠어요. 현재 면사무소에서 운영 중인 주민자체센터 문화 예술 프로그램에서 색소폰을 가르치고 있습니다.

시골에 정착한 후 일상은 바빠졌지만 삶은 더 여유로워졌어요. 제 귀촌 정착기를 공유하기 위해 '시골반장 TV'라는 유튜브 채널도 개설했습니다. 옻샘마을 소개, 농사일, 자두 농장 이야기, 취미생활 등 시골 생활의 소소한 일상을 직접 촬영하고 편집해서 올립니다. 배경음악은 직접 연주한 색소폰 연주곡이 대부분이죠. 서툴지만 일상에 자잘한 재미를 또 하나 추가했어요. 도시를 떠난 이후 무엇보다도 가장 크게 바뀌고 또 얻은 것은 사람들과 더불어 살아가는 법을 알게 됐다는 겁니다. '무엇을 하면서 어떻게 살 것인가'라는 인생의 문제를 내 방식대로 잘 풀어가고 있는 것 같아 그때의 결정에 감사하고, 지금의 삶이 참 좋습니다.

7장

은퇴자의

노후 대책

은퇴자의 노후 자금 대책

은퇴 생활을 여유롭고 행복하게 살려면 어느 정도의 자금이 필요할까? 은퇴 생활에 필요한 노후 자금을 가늠하는 일은 개인별 상황에 따라 달라질 수 있다. 즉 노후 생활비는 가족관계, 자녀 학자금 및 결혼 문제, 부부 건강 상태, 월 생활비, 연금수령액 등에 따라 전문가들도 규모가 최소 3억 원에서 최대 10억 원까지 필요하다고 주장하고 있다.

은퇴 후 노후 자금이 많을수록 좋다는 것은 주지의 사실이지만, 현실적으로는 자녀교육비와 생활비 등을 지출하고 나면 저축하기도 빠듯한 것이 일반적인 가정의 모습일 것이다. 각종 금융회사 등에서는 '노후 필요자금이 얼마다'라며 발표하고 있지만 그 금액은 노후 대비를 시작하는 연령에 따라, 개인별 여건 등 상황에 다르다고 한다. LG경제연구원은 노후 필요자금이 5억 원이면 충분하다고 발표하였다. 대한은퇴자협회는 개인 소유 주택과 2억~3억 원이면 충분하다고 하면서, 노년층이 가지고 있는 경험과 지식을 사회에 환원할 수 있는 일자리 창출로 연계하는 경제적인 활동 주체가 되어야 한다고 주장하였다.

하나은행 100년 행복 연구센터는 은퇴자들 가운데 노후자금이 충분하다고 스스로 평가한 사람들은 전체 응답자 중 8.2%를 차지했는데 이를 '金퇴족'으로 정의했다. 金퇴족은 공적연금(국민연금, 기초연금, 공무원연금)과 사적연금(은퇴연금, 개인연금)을 일찍 가입했으며, 대부분 주택을 보유한 것으로 나타났다. 또 은퇴자들은 생활비로 월 평균 252만 원을 지출하며, 3명 중 2명은 생활비로 28.7%를 줄였다. 풍요로운 노후생활을 원한다면 월 400만 원 이상 필요하다고 내다봤다. 생활비 200~300만 원은 '남한테 아쉬운 소리 안 하며 먹고 사는 정도'일 뿐이고, 경조사를 챙기고 사람도 만나며 여가생활을 즐기려면 그 이상이 있어야 한다고 했다.

HCBC 은행에 조사에서도 한국인 55%는 은퇴 이후 '경제적'어려움을 가장 높은 단어로 꼽았으며, 다음으로 '두려움'과 '외로움' 같은 단어들을 떠올려 은퇴 이후의 생활에 대해 부정적이고 비관적인 인식을 갖고 있음을 보여줬다. 그 이유로는 은퇴 후 '모아 놓은 돈이 충분치 않아서'가 47%로 나타나 재정적인 어려움이 노후 대책 중 가장 큰 관건임을 확인할 수 있다.

이러한 노후 자금에 대한 경제적 불안을 없애고, 풍요로운 노후를 영유하기 위한 노후 대책으로는 무엇보다도 안정적이며 고정적으로 나오는 수입이 있어야 한다. 앞서 말한 노후에 필요한 자금이 얼마나 있어야 하느냐의 문제보다는 노후 자금을 잘 관리하면서 경제적 소득원을 찾아서 지역 건강보험료 부담을 덜고, 아울러 자신의 용돈을 스스로 해결해야 하겠다는 마음가짐이 더 중요하다고 본다. 이를 위해 한 가지는 앞에서 언급한 '金퇴족'처럼 매월 고정적인 연금 형태의 수입원을 만드는 것이고, 다음으로 재취업을 통해 노후 생활비를 어느 정도 보태면 안정적인 생활을 할 수 있다.

#2

은퇴 후 리스크 관리

은퇴 후 자금설계 수립 시 연금수령과 재취업 외에도 노후 생활을 경제적으로 위협하는 요소(risk)를 사전에 파악하여 예방함으로써 안정적인 노후 생활을 영위할 수 있다. 은퇴 후 리스크 요소로는 자녀 리스크, 가계부채 리스크, 창업실패 리스크, 금융사기 리스크, 중대 질병 리스크, 황혼 이혼 리스크가 있다. 미래에셋 은퇴연구소에서 발간한 「2022. 은퇴리포트 32호」에 따르면 50~60대 은퇴자들 4명 중 3명(74.2%)이 5대 리스크 중 적어도 한 가지를 경험한 것으로 나타났다. 리스크 경험자들은 평균 8,701만 원의 손실을 보고 이후 생활비를 31.2% 줄인 것으로 조사됐다.

[은퇴 후 리스크]

은퇴 5대 리스크	발생빈도 (%)	자산 손실 (만 원)	생활비 감소 (%)
성인 자녀	55.5	12,852	19.9
중대 질병	23.7	2,340	20.9
창업 실패	18.8	7,023	41.3
금융 사기	6.2	11,845	27.8
황혼 이혼	2.9	11,412	46.2

(출처 : 미래에셋 은퇴연구소)

첫 번째, 자녀 리스크다. 이는 자녀교육비, 자녀 결혼 비용 그리고 취직을 하지 못한 자녀의 부양에 대한 리스크를 말한다. 자녀교육비는 통상 부모가 부담해야 한다는 묵시적 동의가 있어 대부분의 부모가 부담하고 있다. 문제는 은퇴 전 최소한 막내의 교육비가 확보되었는지 여부다. 요즈음은 대학을 졸업하고도 취업이 어려워 취업준비생 기간에 들어가는 비용도 자녀교육 비용에 포함되는 것이 현실이다. 좀 더 냉정하게 보면 자녀교육비는 자녀가 대학을 졸업할 때까지가 아니라 취업할 때까지로 보아야 한다. 물론 취업 준비 비용은 자녀들도 아르바이트 등을 통해 일부 부담하고 있기는 하다.

최근에는 취업 준비 기간이 길어지고 있을 뿐만 아니라 취업을 포기하고 아예 부모에게 의존하며 사는 캥거루족도 있어 은퇴자의 은퇴 후 리스크로 작용하고 있다. 이른바 '캥거루족'이 늘고, 고령화되고 있다. 한국보건사회연구원의 2022.6월 보고서에 따르면 만 19~49세 성인 남녀 중 29.9%가 부모와 동거 중이다. 미혼 성인 자녀의 64.1%, 미취업 성인자녀의 43.6%가 캥거루였고, 40대라 해도 미혼자는 48.8%가 부모와 함께 산다. 만혼(晩婚)과 비혼(非婚) 풍조가 퍼지고 취업난과 주거비 부담이 겹치면서 자녀들이 독립하지 못하고 있다. 이 캥거루족은 우리나라만 있는 것이 아니고 이미 선진국에 만연해 있다. 특히 일본에서는 패러사이트 싱글(Parasite single, 기생충적 독신), 즉 부모와 함께 사는 35~54세 독신이 470만

명에 이른다고 한다. 일본 신문에 흔히 나오는 "일본 중년 갱거루 150만 명 부모 잃고 나면 시한폭탄" 기사 제목이다. 앞으로 우리나라에서도 예상되는 현상일 수도 있다. 노후 생활의 요소 중 하나가 바로 자녀 리스크를 잘 관리해야 하는 것이다.

다음으로 자녀 결혼비용이다. 많은 부모가 자녀 결혼비용에 대해 자녀에게 '알아서 하라'고 말은 하지만 막상 결혼 준비에 들어가면 부모로서 손 놓고 볼 수만 없는 것이 현실이다. 특히 주택비용이 너무 많이 들어가 자녀들에게만 부담시키기에는 그 부담이 너무 크기 때문이다. 물론 남자와 여자가 들어가는 비용에는 차이가 있고, 자녀가 사전에 나름대로 준비한 금액에 따라 부모가 부담해야 할 금액이 결정된다. 은퇴자 중 많은 이들이 실제로 무리하게 빚을 내서까지 자녀 결혼 비용을 부담했다가 은퇴 후 힘들어하는 경우가 많이 있다.

따라서 은퇴 계획을 수립할 때부터 자녀 결혼 비용에 대해 부모로서 부담이 가능한 적정 금액을 산출하여 예상 소요 비용을 준비하도록 노력해야 한다. 혹시 부채가 발생하더라도 절대 무리하면 안 되고, 감당할 수 있는 범위에서 지출하도록 하고, 배우자는 물론 자녀와도 충분한 대화를 통해서 이에 대한 대책을 마련해야 한다.

웨딩 컨설팅 듀오웨드 조사에 따르면 최근 2년 이내 결혼한 신혼부부 1,000명(남녀 각각 500명)을 대상으로 「신혼부부 결혼비용실태 보고서」에 다음과 같이 나타났다. 신혼부부의 총 결혼 비용은

2억3,618만 원이었다. 각 항목은 ▲주택 1억9,271만 원 ▲예식장 896만 원 ▲웨딩패키지(스튜디오, 드레스, 메이크업) 278만 원 ▲예물 619만 원 ▲예단 729만 원▲이바지 79만 원 ▲혼수 1,309만 원 ▲신혼여행 437만 원으로 구성되었다.

주택자금을 제외한 결혼 비용은 총 4,347만 원으로 집계되었다. 이 중 예식 비용은 예식장과 웨딩 패키지를 합해 총 1,174만 원을 사용했다. 예식외 비용은 예물, 예단, 이바지, 혼수용품, 신혼여행을 포함해 총 3,173만 원이 들었다.

결국 인륜지대사인 자녀 결혼은 은퇴를 앞두고 있거나 은퇴 후에 치러지는 경우가 대부분이다. 이때가 바로 은퇴 전 5년과 은퇴 후 10년 후 기간(55세~70세)에 나타나는 은퇴 레드존(Red Zon)과 겹친다는 것이다. 은퇴 레드존에서는 조기 또는 명예 은퇴, 임금 피크제, 그리고 연금 수령 공백 기간 등 실질 소득이 줄어드는 시기로 불안감이 생기게 된다.

따라서 형식보다는 서로 형편에 맞춤으로써 후유증이나 경제부담을 주지 않는 범위에서 축복받는 결혼식을 치를 수 있어야 하는 인식의 전환과, 아울러 결혼을 앞둔 자녀와도 부모의 노후 생활비에 대해 진솔하고 충분한 소통을 하면서 서로에 대한 이해와 배려로 최적의 해결점을 찾아가는 지혜와 결단이 필요하다.

두 번째, 가계부채 리스크다. 은퇴 전에 반드시 정리하고 가야 할 1순위는 두말할 것 없이 가계부채다. 가계부채의 대부분은 주택 구입 시 발생한 대출이 가장 크게 차지하고 있다. 기타 자녀교육비와 결혼 비용으로 인한 부채다. 은퇴 이후는 소득이 줄거나 없을 수도 있기 때문에 과도한 원금과 이자는 상당한 부담으로 작용할 수 있다. 따라서 되도록 은퇴 레드존에는 추가 부채는 없어야 하며, 보유하고 있는 부채도 최대한 빨리 상환하는 노력을 기울여야 한다.

또 부동산 자산가치가 하락하거나 대출금리가 인상될 때는 감당하기 어려운 리스크로 작용할 수 있기 때문에 예측 가능한 노후 자금관리를 위해서도 여유 자금이 생기면 부채를 먼저 상환하는 것이 좋다.

한국은행이 국회에 제출한 「2019 하반기 금융안전보고서」를 보면 60대 이상 고령자의 대출 증가율이 연 9.9%로 40대 부채 증가 속도의 세 배에 달했다. 이는 은퇴 후 재취업은 바늘구멍이기 때문에 새로운 소득원을 찾아 자영업이나 임대 소득을 올리기 위해 대출을 받은 경우다. 요즈음 물가상승을 억제하고 집값 안정을 위해 은행 금리를 지속적으로 인상하는 정책이 이어지고 있는바, 이와 같이 60대 이후 노후자금 관리를 위해서라도 은행 금리 상승에 따른 이자 부담을 갖지 않도록 은퇴 전에 가능한 가계 부채를 털고 가는 것이 바람직하다. 즉 노후 자금계획 수립은 돈뿐만 아니라 은퇴 후 소득 창출 전략도 포함되어야 한다는 것을 의미한다.

자본시장연구원의 2022 국내 고령층 가계부채의 변화와 특징자료에 의하면 고령층의 가계부채 증가는 주식 및 부동산 투자의 증가, 자영업 진출 및 관련 대출 규모의 확대 등에 영향을 끼쳤다고 보았다. 아래 그림에서 보여주듯이 국내 60세 이상 가구주의 가구당 평균 부채 보유액은 2021년 3월말 기준 5,703만 원으로 2020년 3월말 5,279만 원 대비 8% 증가하였으며, 또한 60세 이상 가구주가 보유한 가구당 평균 자산은 2021년 3월말 기준 총 자산 4억 9천만 원 중 실물자산 4억 198만 원, 금융자산 8,716만 원으로 실물자산이 82.2%의 비중을 차지하여 실물자산의 비중은 연령대가 높을수록 증가하는 특징을 보였다. 전문가들은 고령층의 가계부채 해소를 위해서는 부동산 소유의 처분이나, 주거용 주택규모의 축소, 또는 소유한 주택을 담보로 하는 연금을 받는 주택연금제도를 이용하는 것을 권하고 있다.

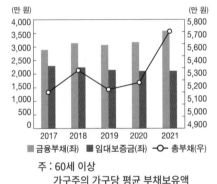

[고령층 가계부채 추이]

주 : 60세 이상
가구주의 가구당 평균 부채보유액

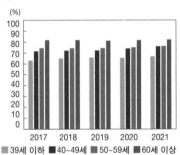

[가구주 연령대별 실물자산 비중 추이]

주 : 가구당 평균
총자산 대비 실물자산 보유액

(출처 : 금융감독원 자료)

세 번째, 창업 실패 리스크다. 은퇴 후에도 생계를 위하여 계속 수입을 창출해야 하는 은퇴자가 많다. 2021년 통계청이 발표한 「경제활동인구조사」보고서에 의하면 55~79세에 해당하는 고령층 인구의 68.1%가 일하기를 원하고 있다. 이들의 58.1%는 생활비에 보태기 위해 일자리를 찾고 있으며, 평균 73세까지 일하고 싶어 한다. 그러나 은퇴자들의 재취업 시장 현실은 하늘에 별 따기만큼 어렵고, 이마저도 재취업 후 2~4년을 견디기가 실로 어렵다. 또 은퇴 후 나오는 연금도 생계비 수준도 못 미치기 때문에 생활비를 보태면서 자신의 용돈을 벌기 위해 무슨 일이든 해야 한다.

특히 은퇴자들 가운데 '앙코르 시니어(Encore Senior)'로 불리는 60대들이 창업가로서 왕성하게 활동하는 사례도 많아져, 은퇴자금을 기반으로 창업을 통해 제2의 인생을 설계하고 있다. 그래서 결국 남들도 다 하는 프랜차이즈 가맹점 등 자영업 창업에 관심을 돌리고 있다. 우리나라 자영업자 비율은 24.6%로 OECD 국가 중에서는 1위고, 세계에서는 6위다. 따라서 경쟁이 매우 치열한 영역이다.

최근에는 주 52주 시간 근무와 최저임금 인상 그리고 코로나의 영향으로 배달과 온라인 쇼핑으로의 급격한 이동으로 인해 자영업 환경은 계속 악화되고 있다. 물론 철저한 준비와 조달 가능 범위 내에서 창업에 성공하면 노후 생활과 자금의 안정적 흐름으로 제2의 직업전선이 구축되는 것이다. 그러나 창업 5년 내에 문 닫는 폐업

률이 80%에 달하는 것이 현실이다.

창업에 실패하는 원인으로는 시장이 원하지 않는 제품 42%, 자금부족 29%, 직원 관리 문제 29%, 차별화 없는 상품으로 경쟁력 부족 23%의 순이었다. 따라서 창업을 반드시 해야 하는지의 당위성과 창업을 통해 이루고자 하는 목표 설정이 우선되어야 하고 사전에 철저한 연구와 준비가 필요하다. 창업 자금도 동원 가능한 범위 내에서 조달해야 하고, 소유자산의 50% 이상은 투입하지 않도록 관리해야 한다.

따라서 전문가들은 은퇴자들의 창업 도전이 만만한 일이 아니므로 철저하고 치밀하게 준비하여 시작해야 하며, 나이 들어 실패하면 치명상을 입게 되어 회복이 상당히 어렵다는 리스크를 감안하고 창업하도록 조언한다.

네 번째, 금융 사기 리스크다. 이는 반드시 근절되어야 할 사회악이다. 대표적인 금융사기 유형은 유사수신행위(類似受信行爲), 보이스 피싱(VoicePhishing), 파밍(Pharming), 스미싱(Smishing), 메신저피싱(Messenger Phishing) 등 다양하다.

[금융사기 유형]

구분	의미
유사수신행위	금융회사로 인증받지 않은 단체 및 개인이 불특정 다수로부터 투자금을 끌어모으는 행위
보이스 피싱	음성(전화)을 이용하여 피해자를 속여 재산상의 손해를 입히는 행위
파밍	가짜 웹페이지에 접속하게 하여 개인정보를 훔쳐 돈을 가로채는 행위
스미싱	악성 웹주소가 포함된 휴대폰 문자메시지를 발송하여 악성 웹 설치를 유도, 금융정보나 돈을 갈취하는 행위
메신저 피싱	카카오톡, 밴드 등 모바일 메신저를 통해 신뢰하는 지인 등을 사칭하여 돈을 가로채는 행위

(출처 : 금융감독원 자료 재구성)

은퇴자들은 예금 이자율 저하로 인한 새로운 투자처 탐색 등 노후 자금에 대한 걱정으로 심리적 불안감에 시달리고 있는 데다가, 스마트폰 및 인터넷 등 IT 기술과 금융 시장에 대한 이해도가 낮아 쉽게 금융사기 범죄의 표적이 된다. 특히 노후 생활을 영위해야 할 은퇴금이나 그동안 모아 둔 쌈지돈까지 잃게 되면 경제적 회복 능력이 낮은 은퇴 고령자들은 빈곤의 나락으로 떨어질 수 있으니 특별히 조심해야 한다. 실제 통계에서도 "금융사기를 당한 적이 있는가?"라는 질문에 60대는 24.1%로 다른 연령대에 비해 상대적으로 높았다.

[금융 사기를 당했을 때 대처 방법]

해당 금융회사 또는 경찰에 지급정지신청	피해구제 신청 정식 서면 접수 (3영업일 내)	피해구제 절차진행 및 환급금액 결정	금융회사 피해 환급금 지급
사기범이 돈을 인출하지 못하도록 즉시 송금한 은행이나 경찰에 지급정지 요청	3영업일 이내 피해 구제신청서를 지급정지 신청한 은행에 제출	금융감독원 채권소멸절차 공고 (2개월) 및 환급금 금액결정(14일 이내)	지급정지 계좌에 별다른 이의제기가 없으면 별도의 소송절차 없이 피해금 지급

(출처 : 금융감독원자료 재구성)

유사수신행위의 경우, 초기에는 약속한 원금과 이자를 제 날짜에 정확하게 지급하면서 신뢰감을 주다가 점차 더 큰 돈을 투자하도록 유도한다. 이때는 고수익을 강조하며 마치 피해자에게만 특별히 알려주는 듯한 제스처를 취한다. 또 정부기관이나 금융회사를 사칭하면서 압박하거나, 외로운 고령자들에게 학연, 지연 등의 친분을 내세워 친밀감을 형성한 후에 부탁을 거절하기 어렵게 만드는 경우 등 시대에 따라 범죄의 기술도 다양해지고 교묘해지고 있다. 따라서 금융사기 예방법은 크게 세 가지로 분류할 수 있다.

① 유사수신행위의 경우다. 법령에 따른 인허가 행위나 등록·신고를 하지 않고 불특정 다수인으로부터 원금 이상의 금액 지급을 약정하고 자금을 모으는 행위나 지나치게 높은 수익을 보장하면 일단 의심해본다.

보이스 피싱 등 금융사기 예방 10계명

1. 전화로 정부기관이라며 자금이체를 요구하면 일단 보이스 피싱 의심

2. 전화 문자로 대출을 권유받는 경우 무대응 또는 금융회사 여부 확인

3. 대출 처리비용 등을 이유로 선입금 요구 시 보이스 피싱 의심

4. 저금리 대출을 위한 고금리 대출 권유는 100% 보이스 피싱

5. 납치 협박 전화를 받는 경우 자녀에게 연락하여 자녀 안전부터 확인

6. 채용을 이유로 계좌 비밀번호 등을 요구 시 보이스 피싱 의심

7. 출처 불명 파일, 이메일, 문자는 클릭하지 말고 삭제

8. 가족 등을 사칭하여 금전 요구 시 먼저 본인 확인 필요

9. 금융감독원 팝업 창이 뜨고 금융거래정도 입력 요구 시
   100% 보이스 피싱

10. 보이스 피싱 피해 발생 시 즉시 신고 후 피해금 환급 신청

(출처 : 금융감독원 자료 재구성)

② 사금융 및 대부업체를 이용하는 경우다. 지차체에 등록된 업체인지 확인하고, 자필 기재한 대부 계약서를 작성·보관해야 한다. 협박이 있을 때는 녹취 등의 증거물을 확보해야 한다. 대출중계 수수료는 불법이므로 중개수수료 지급 요구 시 경찰서나 금융감독원에 신고한다(국번없이 1332~3).

③ 보이스피싱을 당하는 경우다. 보안 강화 등을 이유로 특정사이트 또는 현금인출기로 유도하거나 개인정보 또는 금융정보(보안카드 번호 등)를 요구하는 경우는 100% 금융사기로 알아야 한다. 피

해발생 시 경찰청(국번없이 112) 또는 금융회사에 즉시 지급정지 요청을 하거나 개인정보를 알려준 경우 은행을 방문하여 개인정보 노출자 사고예방 시스템에 등록하도록 한다.

다섯째, 중대 질병 리스크다. 삶이 길어지면서 건강은 더욱 중요해졌다. 100세 인생은 건강하지 않으면 불가능하다. 은퇴 후 안정된 노후 생활을 하기 위한 가장 중요한 요소는 역시 건강이다. 건강은 육체적 건강뿐만 아니라 정신적 건강을 포함하며, 건강하게 사는 것이란 바로 본인의 건강 상태를 정확히 알고 유지하기 위해 건강관리 등의 방법들을 통하여 건강 상태를 증진시키는 것이라 할 수 있다. 인생 100세 시대에는 '얼마나 오래 사느냐(장수)'보다는 '얼마나 건강하게 사느냐(무병)'에 좀 더 관심을 가질 필요가 있다. 현재 50세 이상 남성 가운데 암, 심혈관 질환, 뇌혈관 질환 등 3대 중증질병이 나타날 확률은 45%에 달한다. 서울대병원에 따르면 85세가 넘어가면 30% 정도가 치매를 앓으며 이 가운데 9명은 중증치매에 해당한다. 은퇴 이후 소득이 줄어든 상태에서 설상가상으로 건강상태까지 나쁘면 노후 삶의 질도 유지할 수 없다.

우리나라 남녀의 주요 사망원인에 대한 2018년 10만 건의 통계자료에 의하면 남자의 경우 암(191.1명), 심장질환(58.6명), 뇌혈관 질환(42.7명), 폐렴(39.4명), 자살(34.9명)이고, 여자의 경우 암(116.9명), 심장질환(61.8명), 뇌혈관질환(46.1명), 폐렴(36.3명), 당뇨병(18.2명) 순서이다. 암의 사망률은 폐암(35.1), 간암(20.9명), 대장암(17.1명), 위암

(15.7명), 췌장암(11.3명) 등의 순으로 나타났다.

우리나라는 고령화사회에서 초고령화 사회로 진입하는 단계로 국민건강보험공단 『2021 건강보험 주요통계』 자료에 의하면, 65세 이상 1인당 월 평균 진료비가 20년도 404,331원에서 21년도에는 415,887원으로 노인 1인당 진료비 연간 지출비가 거의 500여 만 원으로 전년 대비 2.9% 증가했다고 발표하였다. 의료비는 통상적인 진료비, 중증질환 치료비, 정기적인 건강검진 비용, 치매 등 장기 요양 비용으로 나눌 수 있다. 이 중 중증질환 치료비가 목돈도 많이 들어갈 뿐만 아니라 가족에게 정신적으로나 물질적으로 끼치는 영향이 크기 때문에 실손보험이나 각종 중증질환에 대한 보장성보험 등을 미리미리 가입해두는 것도 필요하다. 전문가들은 은퇴하고 나이가 들어가면 갑자기 발생하는 노후 질병에 대해서는 누구도 장담할 수 없고, 애써 모은 은퇴자금이 예상치 못한 사고나 중대한 질병으로 인해 치료비로 몽땅 쓰여지는 은퇴 파산을 막기 위해서는 젊었을 때부터 미리 건강에 대한 위험을 관리해야 한다고 강조한다.

여섯째, 황혼이혼 리스크다. 우리나라 60세 이상 고령인구가 많아지면서 과거보다 평균수명이 길어지고 사회적으로 가치관의 변화 등에 따라 황혼이혼이 빠르게 늘어나서 전체 이혼 중 30년 이상 결혼 생활 끝에 결별을 택한 비율이 최근 10년 새 10% 넘게 증가했다. 통계청이 발표한 「2021년 혼인·이혼 통계」에 따르면 지난해 전체 이혼 중 17.6%가 결혼 생활을 30년 이상 유지했던 부부였다. 10년 전인 2011년보다 10.6% 증가한 것으로, 1년 전에 비해서도 7.5% 늘었다.

은퇴자들에게 황혼이혼의 문제점은 연금을 포함한 모든 은퇴자산을 가지고 둘로 분할해야 하며, 주거를 분리하면서 1인 가구로 전환될 가능성이 높아진다는 것이다. 이로 인해 빈곤과 고독사 위험에 노출됨으로써 가정의 문제를 넘어 사회적 문제로까지 확대된다. 그러므로 은퇴 전부터라도 부부관계의 소중함을 깨닫고 관계 향상을 위해 서로 존중하고, 사랑하여 황혼 이혼을 예방하는 게 좋다. 부득이 황혼이혼을 하더라도 혼자서 생활할 수 있는 경제력을 갖추어야 한다. 따라서 가장 큰 노후 대책은 배우자와의 좋은 관계라고 본다.

[혼인지속기간별 이혼 구성비, 2011, 2021]

	2011년	2021년
30년+	7.0	17.6
25~29년	6.7	9.4
20~24년	11.1	11.8
15~19년	14.2	11.1
10~14년	15.2	14.3
5~9년	19.0	17.1
0~4년	26.9	18.8

(출처 : 통계청 자료)

#3

연금제도 이해

노후 자금 준비 중 가장 핵심은 생활비가 매달 월급처럼 나오는 현금 흐름을 만드는 것이다. 현금 흐름을 만드는 방법으로는 정부가 운용하는 공적연금과 기업이 제공하는 은퇴연금, 그리고 개인 각자가 준비하는 개인연금이 있다. 흔히 이 세 가지를 합쳐 '3대 사회보장 장치'라고 한다. 또 자산의 연금화 상품으로 소유한 주택을 담보로 자기 집에 살면서 매달 연금을 받는 주택연금과, 보유한 목돈을 예치하고 이를 바탕으로 매달 연금을 받는 즉시연금도 있다.

[연금의 종류]

구분		내용
공적 연금	국민연금	가입자인 국민이 노령, 장애, 사망 등으로 소득능력이 상실된 경우 본인이나 유족에게 일정금액의 급여를 평생지급, 가입자 개인의 가입기간 및 납입 금액에 따라 연금액이 증가하는 구조
	기초연금	연금액이 충분치 않은 65세 이상에게 지급
	직역연금	공무원, 군인, 교원 등 특정직군을 위한 연금제도
사적 연금	은퇴연금	은퇴할 때 은퇴급여를 연금 형태로 받아서 노후를 준비하는 제도로 DB, DC, IRP형으로 나눔
	개인연금	노후 준비를 위해 개인이 직접 금융회사에 가입하는 것으로 연금저축과 연금보험으로 구분
자산의 연금화 상품	주택 / 농지 연금	보유한 주택이나 농지를 담보로 매달 연금을 받는 상품
	즉시연금	보유한 목돈을 예치하고 이를 바탕으로 매달 연금을 받는 금융상품

한국금융소비자보호원에서 2021년 비은퇴자들의 은퇴 준비를 조사한 결과 53.2%가 은퇴 후 예상 소득에 대해 생각해 본 적이 없는 것으로 나타났다. 노후에 생활비를 감당하는 데 핵심 역할을 하는 것은 매달 현금처럼 나오는 연금이다. 연금은 국민연금, 은퇴연금, 개인연금으로 나뉜다. 다층 연금 가입 현황을 살펴보면 3개 이상 가입이 16.9%, 두 개 이상 가입이 67%, 1개 가입은 61%로 나타났다. 가입한 연금의 유형은 국민연금이 77.8%로, 국민연금은 은퇴 소득의 40%이기 때문에 나머지 20~30%를 개인연금이나 은퇴연금으로 보완해야 한다.

① 국민연금

국민연금은 대표적인 사회보험제도로서 국민의 기본적인 생활 안정보장과 복지 증진을 목표로 한다. 18세 이상 60세 미만의 가입자가 일정기간 보험료를 납부하면 국가에서는 이를 잘 운용하여 수익금을 창출했다가 가입자가 일정 연령 이상이 되었을 때 물가 상승률을 감안한 일정금액을 사망 시까지 지급한다. 지급 방법에 따라 매월 일정 금액을 지급하는 노령연금, 유족연금, 장애연금과 한꺼번에 지급하는 반환일시금, 사망일시금으로 나눈다.

[국민연금 유형]

매월 일정금액 지급	노령연금	- 가입기간이 10년 이상인 경우 일정 나이가 되면 수급이 개시되고 평생 수령 - 노령으로 인한 근로소득 상실을 보전 - 노령연금, 조기노령연금, 분할연금
	유족연금	- 국민연금 가입자, 노령연금 수급권자, 장애 2급 이상의 수급권자가 사망한 경우 보전
	장애연금	- 질병 또는 사고로 인한 장기근로능력 상실에 따른 소득상실을 보전
한꺼번에 지급	반환일시금	- 급여 지급 연령 도달, 사망, 국외이주 등으로 더 이상 국민연금에 가입할 수 없게 되었으나, 연금 요건을 채우지 못한 경우 지급
	사망일시금	- 가입자 또는 가입자였던 자가 사망했으나 유족연금 또는 반환일시금을 지급받을 수 있는 유족 범위에 해당하는 자가 없는 경우 지급

현재 노령연금이나 반환일시금 등을 지급받을 수 있는 연령은 단계적으로 상향되어 출생연도에 따라 수령개시 시점이 달라진다.

[국민연금 수령개시 시점 유형]

출생연도	노령연금	조기노령연금
1952년 이전	60세 부터	55세 부터
1953~1956년	61세 부터	56세 부터
1957~1960년	62세 부터	57세 부터
1961~1964년	63세 부터	58세 부터
1965~1968년	64세 부터	59세 부터
1969년 이후	65세 부터	60세 부터

(출처 : 국민연금관리공단 자료 재구성)

② 직역연금과 공적연금 연계 제도

직역연금은 공무원, 군인, 사립학교 직원 등 특정 직업의 종사자들에게 은퇴 시 지급하는 연금으로, 각각의 연금관리기관을 두고 있으며 재직 및 복무기간 등 연금 수급 요건을 따로 정하고 있다. 공적연금 연계 제도는 국민연금과 직역연금을 받을 수 있는 최소 가입 기간을 채우지 못했을 경우 각각 일시금으로만 지급 받던 것을 두 연금의 가입 기간을 합쳐 조건에 맞으면 연금을 받을 수 있게 한 제도다.

국민연금은 급여의 9%를 납부하며 10년 이상 납부하면 수급권자가 된다. 직역연금은 급여의 18%를 납부하며 군인연금은 20년의 최소 가입기간이 필요하다. 공적연금 연계는 선택사항으로 국민연금과 직역연금 가입기간을 합쳐 20년 이상이 되면 연금을 받을 수 있다. 자세한 사항은 연금관리기관에 충분하게 상담을 하여 세심하게 선택하는 것이 바람직하다. 또 금융감독원 통합연금포털(100lifeplan.fss.or.kr)에 들어가면 내가 가입한 모든 연금을 확인할 수 있다.

연금관리기관

국민연금관리공단 : ☎ 1335, www.nps.or.kr
공무원연금공단 : ☎ 1588-4321, www.geps.or.kr
사립학교교직원연금공단:☎1588-4100, www.tp.or.kr
별정우체국연금관리공단 : ☎ 02-3278-7700, www.popa.or.kr

③ 은퇴연금

　은퇴연금은 회사가 근로자에게 지급해야 할 은퇴 급여를 외부 금융회사에 위탁하여 근로기간 동안 운용하여 은퇴 시 일시금 또는 연금으로 지급하는 제도다. 기업이 도산하더라도 근로자의 은퇴급여가 보장될 수 있도록 2005년 12월 근로자 은퇴급여보장법 시행과 함께 도입되었다.

　각 회사는 노사 합의에 따라 확정급여형(DB:Defined Benefit)과 확정기여형(DC:Defined Contribution) 중 택일할 수 있다. 노후 준비를 위해 개인이 설정하는 개인형은퇴연금제도 (IRP: Individual Retirement Pension)의 경우 소득이 있는 누구나 여유 자금을 적립하거나 은퇴 또는 이직 시 받은 은퇴금을 수령하기 위해 개인이 설정하는 개인형 은퇴연금제도로 적립 시 세제 혜택을 받고, 은퇴 후 안정적으로 연금수령을 할 수 있다.

　은퇴연금은 은퇴금을 일시금으로 받을 때보다 세금을 30% 경감 받을 수 있는 혜택이 있다. 금융회사에 따라 연금지급 기간 및 방법, 수수료 등 차이가 있으므로 충분히 비교해본 후 신중하게 선택하는 것이 좋다.

[은퇴연금의 종류]

확정 급여형 DB (Defined Benefit)	- 회사가 은퇴급여 재원을 외부 금융회사에 적립하여 　운영하고, 근로자 은퇴 시 정해진 금액을 지급 - 운용 실적에 상관없이 은퇴금은 보장이 됨
확정기여형 DC (Defined Contribution)	- 회사가 매년 임금총액의 일정 비율(1/12 이상)을 　금융 회사의 근로자 계좌에 적립하고 근로자가 운용 - 운용의 책임이 근로자에게 있어 운용 실적에 따라 　은퇴금은 달라짐
개인형은퇴연금 IRP (Individual Retirement 　Pension)	- 근로자가 이직 및 은퇴할 때 받은 은퇴금을 적립하거나 　본인 부담으로 추가 납입한 자금을 운영하는 계획 - 만 55세 이후 연금화가 가능하며, 추가로 불입하면, 　연금저축과 합산하여 연간 700만 원까지 세액공제 가능

(출처: '노후를 건강하고 행복하게' 금융감독원 자료 재구성)

④ 개인연금

개인연금은 노후에 탈 목적으로 개인이 자발적으로 금융회사에 가입하는 것으로 노후 생활비가 공적연금으로는 부족할 때 보조 역할을 한다.

정부에서는 개인연금의 활성화를 위해 다양한 세제 혜택을 주고 있으며 세제 혜택의 여부에 따라 연금저축과 연금보험으로 구분이 되며, 세제 혜택은 연금의 수령 시기나 유지 기간 등에 따라 달라질 수 있으니 잘 살펴보고 선택해야 한다.

연금저축 중 연금저축펀드는 수익성을 중시함으로 원금 보장이 안 되고 중도 인출이 가능하다. 이에 비해 연금저축보험은 안정성을 중시하므로 원금은 보장이 되나 중도 인출은 안 된다.

[연금저축과 연금보험의 비교]

구분		연금저축	연금보험
세제 혜택	혜택 유무	있음	없음
	연금 납입 시	연간 400만 원까지 13.2~16.5%세액공제	없음
	연금 수령 시	<연령별 연금소득세 부과> - 만70세 미만:5.5% - 만70세~만80세 : 4.4% - 만80세 이상 : 3.3%	<보험 차익에 부과> - 10년 이상 유지:비과세 - 만55세~사망 시 연금 수령:비과세 -10년 미만:이자소득세 (15.4%)
	일시금 수령시	기타소득세 16.5% 부과	10년 이상 : 비과세 10년 미만 : 이자소득세 (15,4%)
	판매 기관	은행, 증권, 보험사	생명보험사

(출처: '노후를 건강하고 행복하게' 금융감독원 자료 재구성)

⑤ 주택연금

주택연금은 주택을 소유하고 있지만 노후 생활비가 부족한 고령자들이 자신이 살고 있는 집을 담보로 맡기고, 해당 주택에 거주하면서 연금을 받을 수 있는 제도다. 역모기지론(Reverse Mortgage Loan)에 해당하며, 그중 국가가 보증하는 상품이다. 역모기지론은 특별한 소득이 없는 고령자에게 주택을 담보로 자금을 연금 형태로 대출해주는 주택담보대출이다. 매달 지급되므로 시간이 지날수록 대출액이 늘어나며 이후 주택을 처분하면 원리금이 일괄 상환된다.

주택연금 신청 대상은 만 55세 이상의 대한민국 국민으로 부부 기준 9억 원 이하 1주택이 원칙이다. 연금은 평생 혹은 정해진 기간에 받을 수 있으며 부부 중 한 사람이 사망하더라도 감액 없이 지급된다. 연금수령액이 집값을 초과하더라도 상속인에게 청구하지 않으나, 집값이 남을 경우에는 상속인에게 지급한다.

만약 주택가격의 상승 등으로 해약을 하거나 상속인인 해당 주택을 상속받고 싶은 경우에는 지급받았던 연금 총액을 상환하면 가능하다. 주택연금 이용 시 가입주택이 5억 원 이하일 경우에는 재산세 25%를 감면받으며 대출이자 비용에 대해서도 연간 200만 원 한도 내에서 소득공제를 받는다. 주택연금 심사는 한국주택금융공사가 하며 보증신청을 하면 공사는 자격 요건과 담보주택의 가격 평가 등을 심사한 후 보증계약을 체결하고 저당권 설정을 거쳐 금융기관에 보증서를 발급한다. 이 절차가 끝난 다음에 신청자는 해당 금융기관에서 주택연금을 대출받을 수 있다.

기본적인 재무설계

재무설계의 가장 기본적인 **첫 번째 원칙이자 방향은 은퇴 후 정기적인 소득이 발생할 수 있도록 현금흐름을 확보하는 것이다.** 정기적인 소득을 얻으려면 연금, 수익형부동산, 월지급식펀드 등의 다양한 방법을 활용해야 한다. 자금을 일시금으로 보유하고 있는 경우 정기적으로 인출하여 사용하는 것이 가능하긴 하지만 비계획적 인출로 인한 자금고갈의 위험이 존재하기 때문에 퇴직이 5년 이상 남아있을 경우엔 월지급식펀드를 활용하는 방법을 고려해볼 수 있다.

두 번째는 은퇴자산을 장기적인 계획으로 실행하는 것이다. 은퇴 생활에 필요한 자산을 은퇴하기 전까지 단기간에 형성해야 한다는 강박관념을 가질 필요는 없다. 다시 말해 은퇴자산 관리는 평생에 걸쳐 할 필요가 있다. 직장생활을 하는 동안 축적한 은퇴자금은 은퇴 후 사용하면서 그 자산을 계속 투자 운영하여 생활비를 마련할 수 있도록 관리하면 되기 때문이다. 물론 좀 더 여유로운 은퇴 생활을 위한 자금을 마련하기 위해 젊어서부터 빨리 시작, 목표로 했던 자산을 조기에 형성함으로써 소득이 줄거나 없을 시기에 부담을 덜 필요성은 있다.

세 번째는 재무설계를 장기적으로 실행하기 위해 복리효과를 최대한 활용하는 것이다. 복리효과는 이자에 이자가 붙는 것으로 저축이나 투자의 기간이 길어질수록 복리효과가 커진다. 별도의 복리이자가 적용되는 상품을 이용하며, 이자를 다른 용도로 사용하지 않고 계속해서 재투자해야 한다.

　네 번째는 은퇴자산을 다른 목적의 자금으로 사용하는 것을 절대 금하는 것이다. 은퇴자산을 마련하기 위해 장기간 저축(투자)을 해야 하지만 이와 동시에 주택자금이나 자녀교육자금 등도 함께 모아야 하고, 예기치 못한 일로 목돈이 필요한 경우가 생기기도 한다. 이럴 때마다 은퇴라는 상황은 지금 당장 닥친 상황이 아니기 때문에 자칫 은퇴자금으로 축적하고 있던 돈을 다른 용도로 사용하기 쉽다. 특히 은퇴 후 퇴직자의 경우 일반적으로 자녀 학자금 상환 비용부담이 크고, 자녀결혼자금에도 목돈이 들어가는 탓에 은퇴자금을 이런 상황에 사용하기 쉽다. 하지만 은퇴대비를 목적으로 하는 자금을 다른 용도로 사용하는 것은 절대 지양해야한다.

　마지막은 부채상환계획을 수립하여 은퇴 전에 빚부터 갚는 것이다. 주거 월임차료, 대출이자 등 부채에 대한 비용이 월수입의 약 20%를 초과하지 않도록 은퇴 전 부채상환계획을 수립해야 한다. 50대는 자녀교육비, 주택 관련 부동산담보 대출의 증가, 자녀결혼자금 등으로 부채의 규모가 대폭 늘어난 시기이다. 60세가 가까워진다면 최우선적으로 부채상환부터 검토하는 것이 중요하다. 퇴직으로 인한 수입 감소도 그 이유지만, 일반적으로 장기간 대출이자보다 높게 운용수익률을 얻기가 어렵기 때문이다.

#5

평생 현역 되기

경영학의 창시자인 피터 드러커(Peter Ferdinand Drucker)는 "직장에선 정년이 있을지 모르지만, 인생에는 정년이 없다"라고 하여 평생 현역으로 살아야 한다고 강조하였다. 지금 같은 100세 시대에 모자라는 노후 자금 때문에도 그렇지만 퇴직 후 30~40년 동안의 보람 있는 삶을 위해서라도 수입을 얻는 경제 활동적인 일이나, 귀농 소득 생활, 사회공헌 활동 등 "일"을 갖는 게 중요하다.

길어진 삶을 등산이나 골프장에서만 보내기에는 너무나도 긴 시간이다. 퇴직자들을 대상으로 한 연구 결과에 따르면, 경제활동을 하지 않는 기간이 길어질수록 인지능력이 떨어지고 결과적으로 삶의 만족도도 떨어진다고 한다. 퇴직한 선배로부터 들은 말이 생각이 난다. 이분은 아침에 잠에서 깨면 "오늘은 무슨 일을 할 것인가?를 먼저 생각해보고 침대에서 내려온다고 하면서 퇴직하고 나니 쓸모없는 인간이 된 것 같아 가장 서글프다"고 매일 대학 도서관으로 출근하여 책 보고, 점심 해결하고 집으로 돌아간다고 한다.

100세 시대의 가장 확실한 노후 대책은 평생 현역이다. 일부 은퇴자들은 30년 넘게 일했으므로 더 이상 일을 하고 싶지 않은 사람도 많다. 그러나 다른 면에서 보면 적당한 일을 하는 것은 또 다른 삶의 즐거움과 만족을 가져다 주고 있다는 것이다. 일을 갖는다는 것은 경제적 자립과 삶의 의욕을 충족하고, 내가 하는 일이 사회와 다른 사람에게 도움이 됨으로써 자신의 존재 가치를 인정받게 해준다. 더불어 건강을 지키고, 사람들과의 관계를 유지할 수 있어 생명의 원천이다.

즉 평생 현역처럼 일을 한다는 것은 여러 가지로 좋은 의미와 효과가 있기 때문에 어떠한 형태로든 이점이 많다.

첫째는 경제적인 면에서의 효과이다. 노후에 필요한 자금이 부족한 경우에는 당연히 취해야 할 행동이고, 기본적인 경제적 여건이 갖춰졌다 하더라도 풍요로운 노후의 삶을 위해서 가능한 많은 자금이 필요하다. 또 노후에는 예상치 못한 곳에 갑자기 목돈이 들어갈 일도 생길 수 있으므로 별도의 비상금도 필요하다. 일정한 직업을 가짐으로써 국민건강보험료 부담을 해결하면, 오늘날과 같이 금리상승과 고물가 시대에 연금 이상의 효과가 있다. 여하튼 노후의 자금은 다다익선이기 때문에 일할 수 있으면 꾸준히 하는 것이 중요하다.

둘째는 자기에 대한 존재 가치의 확인이다. 은퇴 후에 대표적으로 사라지는 것이 그동안 나라는 존재를 나타내 주던 명함이다. 많은 은퇴자가 명함이 없다는 것으로 '나는 누구인가' 하는 의문이 드는 정체성의 혼란에 빠지면서 자존감이 박탈되는 느낌을 받게 된다. 특히 우리나라처럼 사람에 대한 가치 평가가 어떤 직업을 가지고 있느냐에 따라 그 사람을 규정하는 사회에서는 더욱 그렇다. 이처럼 일자리가 없다는 것은 자신을 남에게 표현하거나 소개할 방법이 없다는 것처럼 느껴진다. 따라서 일을 통해 자신의 존재 가치를 확인해줄 뿐만 아니라 존재감이 높아질 수 있기 때문에 중요하다.

셋째는 건강을 지켜준다. 신체적 건강의 효과는 물론이고, 특히 정신 건강면에서도 매우 중요하다. 은퇴자는 불확실한 미래에 대한 불안감을 호소한다. 그 불안감의 내면에는 "은퇴 후 무슨 일을 해야 할지 너무 막막하다"는 솔직한 감정이 표현된 것이다. 자기의 역할이 가족이나 사회적으로 점차 사라져가면 상실감에 따른 우울증 등으로 급격하게 건강을 해치게 된다. 실제로 은퇴 후에도 계속 일하는 사람들보다 일이 없는 사람들의 우울증 수치가 높게 나타났다.

마지막으로 관계 교류 증진으로 행복과 수명의 수치가 높다는 것이다. 하버드대학교에서 75년 동안 진행된 행복의 비결에 대한 조사연구에 의하면 "사회적 관계가 좋은 사람들이 안 좋은 사람보다 더 행복했고, 인간관계도 좋은 사람이 안 좋은 사람보다 수명이 7년이 길다"는 결과를 보여줬다.

특히 노후에 주변 사람들과 교류가 없이 홀로 고립이 심화되는 것은 좋지 못한 결과를 초래하게 되며, 그 결과 불행한 노후를 보내기 때문이다. 일을 통해 주변 사람들과 교류하면서 행복감을 느낄 수 있다는 측면에서도 매우 중요하다. 아울러 무료함의 지옥에서도 벗어날 수 있다. 은퇴 후 삶의 목적의식이 없는 것은 수입의 손실보다 심리적으로 더 심각한 불안감을 준다.

서울대 노화·고령사회연구소의 조사 결과를 보면, 노후에 가장 바라는 삶은 "어떻게 생산적이고 의미 있는 삶을 살 수 있을까?"였고, 가장 염려되는 것은 경제적 필요 때문에 일을 해야만 하는 상황이었다. 또 가장 큰 고민은 생활비(51%), 할 일 없는 것(22%)의 순이었다. 이와 같이 노후의 3대 불안은 돈, 건강, 외로움으로 나눌 수 있다. 앞에서 살펴보았듯이 이 3대 불안을 모두 한 번에 해소할 수 있는 해결 방안은 바로 "일"을 갖는 것이다. 따라서 은퇴 전에 미리미리 평생 현역이 될 수 있도록 시간적 여유를 가지고 철저하게 준비해야 한다.

8장

100세

건강 설계

#1

행복한 노후는 건강

풍요로운 100세 인생을 맞기 위해서는 반드시 지켜야 할 것이 돈과 건강, 그리고 행복이다. 이 모든 것은 어느 날 갑자기 갖춰지는 게 아니고 40~50대부터 차근차근 조금씩 준비해나가야 한다. 100세 시대에 삶의 질을 결정하는 가장 기본적이고 가장 중요한 요소는 건강이다. 옛말에 "돈을 잃으면 조금 잃는 것이요, 명예를 잃으면 조금 더 잃는 것이고, 건강을 잃으면 모두 잃어버린다는 것이다" 그만큼 건강을 지키는 것은 아무리 강조해도 지나치지 않는다. 실제로 60세가 넘어가면서부터 사람들이 만나서 하는 첫 인사가 건강에 대한 안부를 묻고, 어떻게 잘 지내고 있는지 대화로 시작한다.

세계보건기구(WHO)는 "건강이란 단지 허약하지 않고 질병이 없는 상태뿐 아니라 신체적·정신적·사회적으로 안녕한 상태"라고 정의하고 있다. 즉 건강하다는 것은 신체적으로 통증이 없고 제때 식사를 맛있게 하면서 쾌적한 배변을 보며, 정신적으로는 스트레스를 받지 않아 즐거움이 가득찬 충분한 숙면을 취하고, 가정과 사회생활을 원만하게 할 수 있는 최적의 상태를 말한다.

우리나라 성인들의 3대 사망 원인은 첫째, 순환기 질환으로 고혈압과 동맥경화증에 의한 심근경색증, 뇌졸중 등. 둘째, 악성종양으로 위암, 폐암, 간암, 유방암, 자궁암, 대장암 등. 셋째, 사고로 교통사고나 안전사고 등으로 사망한다. 은퇴자들을 위해 전문가들이 말하는 중·장년들의 건강관리를 위해 평소 신경을 써야 할 4가지를 소개한다.

첫째, 혈관의 건강이다. 혈관이 막히거나 딱딱해지면 치명적인 심혈관 질환(협심증, 심근경색 등)과 뇌혈관질환(뇌경색, 뇌출혈 등)이 생긴다. 치매 발생 원인은 약 40%가 뇌졸중의 후유증으로 생긴 혈관성 치매다. 신장병, 실명, 발기부전 등도 혈관의 문제에서 비롯된다. 고혈압, 고지혈증, 당뇨, 비만은 혈관을 병들게 하는 4대 주범이므로 젊어서부터 관리를 잘하여 혈압, 혈당, 콜레스테롤 수치를 정상범위로 유지해야 한다.

둘째, 뼈와 관절, 근육의 건강이다. 80세가 되면 30세에 비해 근육의 30~40%가 감소되고, 뼈의 단단함을 나타내는 골밀도는 20대에 최고조에 달해 그 이후 매년 0.5%정도 감소하며, 특히 여성은 폐경기 이후 3~15년 동안 매년 2~3%씩 감소한다. 젊어서부터 꾸준한 근육운동과 영양 섭취, 관절의 관리 등이 필요하다.

셋째, 뇌의 건강이다. 기억력, 인지력, 학습능력 등의 감퇴는 자연적인 노화현상이며, 혈관성이 아닌 알츠하이머성 치매는 예방이 사실상 불가능하다. 꾸준한 지적 활동(독서, 바둑, 카드 게임 등), 손을 많이 움직이는 동작(피아노 치기, 뜨개질, 젓가락질 등), 시각·청각·미각·후각 등 오감의 자극(음악, 미술, 요리 등) 등은 뇌 기능의 유지에 도움이 된다. 긍정적이고 낙천적인 마음가짐도 중요하다.

넷째, 시각과 청각 등 감각기관의 건강이다. 신체에 노후 현상이 나타나면 누구나 시력과 청력이 떨어져 활동에 지장을 받는다. 청각 보존을 위해선 소음을 피해야 하며, 청신경 손상을 초래하는 심한 중이염, 항생제 등 약물의 과다 사용, 심장병이나 고혈압 등 순환기계 질환, 바이러스 또는 박테리아 감염 등도 적절히 치료해야 한다. 시각의 건강한 유지를 위해서는 당뇨의 예방에 힘쓰고 정기적으로 안과 검진을 받아 녹내장·백내장·황반변성 등의 조기 발견과 조기 치료에 힘써야 한다.

사람이 얼마나 오래 그리고 건강하게 사느냐는 70% 이상이 본인의 책임에 달려 있다. 보건학자들의 연구에 따르면, 수명의 30%만이 유전(遺傳)과 관련이 있고, 50%는 개인의 생활방식(life style), 나머지 20%는 개인의 경제적·사회적 능력에 의해 좌우된다고 한다. 올바른 생활방식을 갖는 것이 중요함에도 불구하고 현대인들은 불규칙한 식사 습관과 불균형한 영양 섭취, 불규칙한 취침과 기상 등 편의 위주의 생활에 젖어 있다. 잘못된 습관이 오랫동안 쌓이다 보면 결국 고혈압, 고지혈증, 당뇨병, 비만 등과 같은 성인병(成人病)을 얻게 된다.

이런 병들은 잘못된 생활 습관에서 기인하여 '생활습관병'이라고 한다. 생활습관병이 심각해지면 암과 뇌졸중, 심근경색증 등 생명을 위협하는 치명적인 질병으로 발전한다. 그래서 생활습관병은 '만병의 근원'이라는 말이 있다.

생활습관이 좋지 않아서 발생하는 대표적인 질병이 이른바 대사증후군(metabolic syndrome)이다. 현재 한국인의 1/4에 해당하는 1,000만 명 이상이 '대사증후군'을 앓고 있다고 한다. 이러한 대사증후군을 방치할 경우 보다 더 심각한 만성질환으로 진행되기 때문에 주의가 필요하다. 대사(代謝)는 몸 안의 오폐물(汚廢物)을 내보내고 자양분을 다시 섭취하는 것을 말한다.

좋은 콜레스테롤(HDL)의 혈중 수치, 혈압, 혈중 중성지방의 수치, 복부비만 등을 살펴 3가지 이상에서 이상(異常)증상이 있으면 대사중후군으로 진단된다. 대사증후군 환자는 당뇨병과 심혈관 질환에 걸릴 위험이 높고, 이런 질환에 걸리면 사망률이 다른 환자에 비해 3~5배 높아지는 것으로 조사되고 있다.

은퇴자들이 행복한 노후를 보내기 위해서는 건강이 최우선이다. 육체적·정신적 건강을 유지하는 것은 무엇과도 바꿀 수 없는 은퇴 생활의 축복이다. 은퇴 생활의 만족도는 정신적, 육체적 건강을 얼마나 잘 유지하느냐에 달려 있다. 아직 은퇴 전이라면 무엇보다 건강한 생활 습관을 만드는 일에 더욱 힘써야 한다.

노후의 암, 치매 예방법

우리나라 사람들이 많은 질병 중에서 제일 두려워하는 질병이 암과 치매이다. 먼저 암에 대해 살펴보면, 일단 암에 걸린 것으로 의사 진단을 받으면 하늘이 노랗고, 땅이 꺼지는 것 같이 '아! 나는 이제 죽는구나' 하면서 자신의 운명을 한탄한다. 그동안 나는 열심히 성실하게 가족을 위해 일해왔고, 나쁜 짓도 하지 않았는데 왜 나한테 이런 벌을 주는지 하늘을 원망하기도 한다. 이런 불안 심리 때문에 암 환자의 42%가 진단 후 우울증에 시달리고, 우울증이 심각한 환자들은 스스로 목숨을 끊는 일조차 벌어진다. 대부분의 사람은 암이라는 단어는 곧 죽음과 같은 사형선고를 뜻한다는 선입견을 가지고 있다. 더불어 환자 자신과 가족들은 치료에 앞서 두려움에 사로잡힌다. 그러기 때문에 암에 걸리지 않도록 예방이 매우 중요하고, 아울러 정기적인 암 검진을 받으면 된다.

암은 한국인의 사망원인 가운데 10여 년 가까이 부동의 1위를 차지하고 있다. 매년 암 환자가 12만 명 가량 새로 발생하고, 매년 약 7만 명이 암으로 사망한다. 하루 200명 가까이 사망하는 셈이다. 우리나라 각종 질병으로 사망한 자 중 10명 중 3명이 암으로 사망했다는 통계가 있다.

국립암센터 조사에 따르면, 한국 남성 4명 가운데 1명, 여성은 5명 가운데 1명꼴로 암에 걸리는 것으로 나타나고 있다. 연령대별로 보면, 50대까지는 여자 암 발생률이 남자보다 높지만, 60대와 70대가 되면 남자의 암 발생률이 더 높아진다.

암 발생 통계자료를 보면, 35세~64세 남자에겐 위암, 대장암, 폐암, 간암, 전립선암이 많이 발생하고 여자에게선 갑상선암, 유방암, 대장암, 위암, 폐암 등이 많이 발생하고 있다.

암은 상당히 진행될 때까지 특이 증상이 없다. 암이 진행되어 나타나는 증상들도 평소 흔히 경험해오던 증상들과 비슷해 치료 시기를 놓치는 경우가 많다. 따라서 예방으로 암의 발생을 줄이고, 설령 많이 발생했다 하더라도 정기적인 건강검진을 받아 치료하면 암 사망률을 크게 줄일 수 있다. 국립암센터가 권고하는 5대 암 검진요령은 다음 표와 같다.

[5대 암 검진 적정 주기와 방법]

암 종류	검진 연령	검진 방법	검진 주기
위암	40세 이상 남녀	위내시경 검사 또는 상부위장관 조영술	2년 (증상 없는 경우)
대장암	50세 이상 남녀	대장내시경 검사	5~10년
유방암	30세 이상 여성	유방 자가 진단	매월
	35세 이상 여성	의사 임상진찰, 유방 촬영술	2년
	40세 이상 여성	의사 임상진찰, 유방 촬영술	1~2년
자궁 경부암	만20세 이상 (성경험 없으면 조기검진 대상자 포함되지 않음)	자궁경부 세포 검사	1년
간암	30세 이상 남성, 40세 이상 여성 (간경변증이나 B형 간염바이러스 항원 또는 C형 간염 바이러스 항체 양성인자)	간 초음파 검사	6개월

(출처 : 국립암센터자료)

한국인에게 가장 많은 위암은 40~60세 때엔 2년에 한 번씩 검진을 받는 게 좋다. 60세 넘어서면 1년에 한 번 정도 검사를 받되, 가족력이 있는 고위험군은 더욱 신경을 써야 한다. 대장암은 일반적으로 한 번 내시경 검사를 하고, 별 이상이 없으면 5년에 한 번씩 검진을 받으면 된다. 용종이 한 번 발견된 사람은 50~60대 이상에서 3년에 한 번 검진을 받으면 된다.

간암은 바이러스 유무가 중요하다. B형이나 C형 바이러스가 있다고 하면, 최소 6개월에 한 번씩 복부초음파와 혈액검사를 받아야 한다. 보균자가 아니라면 간암에 대해 크게 걱정할 필요가 없다. 단, 술을 많이 마신다면 알코올성 간암으로 진행할 수 있으므로 1년에 한 번씩 초음파 검사를 받는 것이 좋다. 35세 이상의 여성은 2년에 한 번 유방 임상진찰을 해보는 것이 좋으며, 40세 이상 여성은 2년에 한 번 유방 촬영을 하는 게 바람직하다. 특히 가계에 유방암 가족력이 있는 여성이거나 유방에 멍울이 자주 잡히는 경우에는 유방 초음파 검사를 추가로 받는 것이 좋다.

암은 치명적인 질병이기는 하지만, 본인의 노력에 따라 어느 정도 예방이 가능하다고 의학 전문가들은 말한다. 잘못된 생활 습관과 식습관만 바로잡아도 70%의 암을 예방할 수 있다는 것이다. 세계보건기구(WHO)도 "암은 3분의 1이 생활습관의 개선으로 예방이 가능하며, 3분의 1은 조기진단 및 조기 치료로 완치가 가능하며, 나머지 3분의 1도 적절한 치료로 완화가 가능하다"고 밝히고 있다.

암 예방에서 무엇보다 중요한 것은 올바른 식생활 습관을 갖는 일이다. 암 발생의 위험을 높이는 식생활을 보면 다음과 같다.

첫째, 짜거나 소금에 절인 음식이다. 이런 음식 자체가 발암물질은 아니지만 위 점막이 발암물질에 더 쉽게 노출되게 함으로써, 위암에 걸릴 위험이 높아진다. 식탁에서 음식을 먹을 때 소금을 추가

하지 않는 것이 좋고, 국물은 되도록 먹지 말고 건더기만 먹는 것이 좋다.

둘째, 탄 음식과 화로에 직접 구운 음식이다. 이런 음식에는 발암물질이 많이 함유되어 있다. 물론 발암물질에 노출된다고 모두 암이 생기는 것은 아니다. 하지만 위 점막이 발암물질에 많이 노출됨으로써 위암 등에 걸릴 위험이 몇 배 더 높아진다.

셋째, 지나친 육류 섭취는 대장암 등의 위험을 높인다. 한국인의 육류 섭취가 크게 늘면서 대장암은 지난 20년 동안 환자의 10배 이상 급증할 정도로 발생위험이 높아지고 있다.

넷째, 흡연과 지나친 음주이다. 흡연은 폐암을 발생시키는 직접적인 원인이며, 일주일에 2회 이상 과음을 하는 것은 건강에 해롭다. 음주와 관련된 암은 대장암, 유방암, 간암 등이다. 또 흡연과 음주는 만병의 근원인 만큼 금연 또는 금주를 위한 용기가 필요하다.

다섯째, 균형 잡힌 음식 섭취도 중요하다. 특히 신선한 채소와 과일을 자주 섭취하는 것은 암 예방에 효과가 있다. 식품생명공학자들의 연구에 따르면, 채소는 위암, 대장암, 유방암, 방광암, 췌장암의 위험을 감소시키고, 과일은 위암, 유방암, 방광암, 췌장암을 감소시키는 것으로 알려지고 있다. 미국 암연구소는 채소와 과일을 많이 함유된 식품을 하루 534그램 이상 먹으면 암 발생을 최소 20%까지 낮출 수 있다는 연구보고서를 발표한 바도 있다.

채소가 암 예방에 좋은 이유는 채소 속에 들어 있는 파이토케미

컬(phytochemical)이라 불리는 식물 생리활성 영양소 때문이다. 이 화학물질은 자신과 경쟁하는 식물의 성장을 방해하거나, 각종 미생물·해충 등으로부터 자신의 몸을 보호하는 역할 등을 한다. 이 항산화 물질이 사람의 몸에 들어가면 면역 기능을 강화하고 혈관벽에 플라크가 생기는 것을 막아 줄 뿐만 아니라, 해독작용과 세포손상을 억제하는 작용을 해 암 발생 가능성을 낮춰준다.

현재까지 효능이 알려져 있는 파이토케미컬은 약 700여 가지에 달하는데 특히 빨간색, 주황색, 노란색, 보라색, 녹색 등 선명한 색깔을 띠는 채소와 과일에 많이 함유돼 있다는 보고이다. 또 파이토케미컬은 종류에 따라 효능도 서로 다르기 때문에 여러 가지 색깔의 컬러 푸드(colour food)를 다양하게 섭취하는 것이 좋다는 게 식품영양학자들의 얘기다.

마지막으로 암 예방에 도움이 되는 것은 적절한 운동과 체중조절이다. 매일 30분 이상 규칙적으로 빨리 걷기 형태의 운동을 하는 것이 좋다. 이는 몸에서 살짝 땀이 나는 수준이다. 더 나아가 최적의 항암 상태가 되려면, 하루 60분 이상 속보로 걷거나, 달리기 30분 이상 하면 적당하다. 달리기 대신 수영이나 강도 높은 자전거 타기도 좋다. 운동시간이 길수록, 강도가 셀수록 항암효과는 높아진다는 게 미국 암연구소의 연구결과이다. 아래 그림은 국립암센터에서 말하는 생활속에서 실천할 수 있는 10대 암 예방 수칙이다.

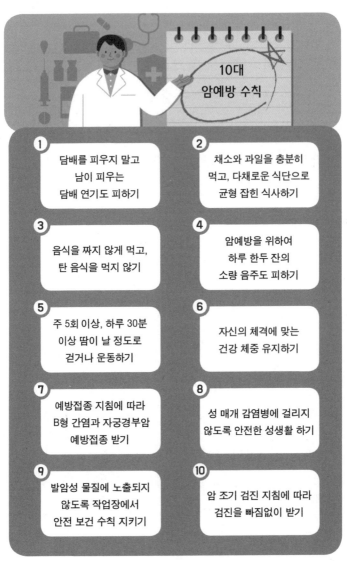

(출처 : 국립암센터 자료 재구성)

이번에는 치매 예방에 대해 살펴본다. 장수는 누구나 바라는 꿈이지만, 가끔 오래 사는 것이 축복이라기보다는 무섭다고 말하는 사람들이 있다. 그 이유를 물어보면 한결같이 '치매(癡賣, dementia)'에 걸릴까 봐 두려워하는 질병이라고 말한다. 국민 여론 조사 결과에 따르면, 가장 두려운 병으로 암이 49.1%에 이어 다음으로 치매를 33.7%로 꼽고 있다. 암은 현대 의학 기술 발전으로 조기 발견 시 치료가 가능한 대상으로 보고 있으나, 치매는 아직까지 치료에 한계가 있어 치매 환자의 고통 이외에도 치매 환자를 돌보는 가족을 황폐화시키는 무서운 병이다. 치매는 장기적이고 지속적인 보호 관리 및 치료가 필요하기 때문에 환자는 물론 가족의 정신적·육체적 고충뿐만 아니라 경제적 부담이 수반되고 있다. 국민건강보험공단 조사결과에 의하면 65세 이상 치매 유병률로 보면 인구 대비 2020년에는 79만 명으로 9.8%, 2025년에는 103만 명으로 10%, 2050년에는 300만 명으로 15%에 이를 것으로 예상하고 있다.

치매는 여러 가지 원인으로 뇌에 영향을 미치는 각종 질환에 의해 발생하는 증후군으로, 가장 대표적인 원인 질환은 전체 치매의 약 71%를 차지하는 '알츠하이머병'이다. 그리고 '혈관성 치매'가 약 24%를 차지한다.

사람들은 나이를 먹게 되면 건망증이 심해진다. 그러나 치매와 건망증은 다르다. 건망증은 사건의 일부를 잘 기억하지 못하는 반면, 치매는 그러한 일이 있었다는 사실 자체를 기억하지 못한다.

치매는 건망증과 달리 진행성 장애이므로 기억력 장애는 시간이 지날수록 심해진다. 치매환자들은 대체로 치매를 앓기 전에 심한 건망증과 사고 판단력에 문제를 보이는 '경도인지장애'를 거친다. 따라서 이 단계에서 조기 발견하여 적극 치료하면 치매로의 이행 속도를 늦출 수 있다.

고령화 사회가 된 지금 누가 치매에 걸릴지는 아무도 모르는 일이다. 그러므로 치매라는 질병에 대해 관심을 가지고 미리 예방해야만 건강한 노후를 보장할 수 있다. 질병관리운동본부는 치매 예방을 위한 3대 생활원칙을 제시하고 있다. 첫째 두뇌, 신체, 사회 활동은 올리고, 둘째 체중, 혈압, 혈당은 낮추고, 셋째 술, 담배는 멈추라는 것이다. 평소 건강 관리하는 데 유념해야 할 것들이 치매 관리에도 중요하다는 얘기다.

치매 예방 인지치료 전문가들에 의하면 치매 예방을 위해 뇌의 노화를 막는 것이 무엇보다도 중요한 만큼, 뇌를 자극하는 훈련으로 생활 속의 두뇌활동, 신체활동, 명상 등 인지 활동 사례를 소개한다.

첫째, 두뇌 활동이다. 두뇌 활동은 뇌세포를 지속적으로 자극하는 행위를 말한다. 뇌를 자극하면 뇌 신경세포의 연결망이 풍성해지고 연결된 망들은 더욱 견고해진다. 신문보기, 잡지읽기, 일기쓰기, 글쓰기, 책보기, 서예, 그림그리기, 게임하기, 바둑, 장기 등 머리를 많이 쓰는 활동을 꾸준하게 하도록 한다. 바른 생활 습관들을 생활화하면서 두뇌 건강에 좋은 음식을 섭취하고 또한 두뇌를 충분히 쉴 수 있도록 한다.

둘째, 신체활동이다. 신체활동은 하나 이상의 체력 구성요소(심혈관계 지구력, 근력, 평형성, 유연성 등)를 향상시키거나 유지하기 위해서 계획하고 구조화되어 반복적인 신체의 움직임으로 이루어진 활동을 말한다. 이러한 활동을 하면 골격근이 수축하면서 휴식하고 있을 때보다 더 많은 에너지가 소모된다. 신체활동으로는 걷기, 경보, 스포츠 댄스, 스트레칭, 수영, 탁구, 테니스, 배드민턴, 산책, 요가, 태극권, 에어로빅, 노래교실, 자전거, 풍선 아트 등 크게 비용이 부담되지 않는 활동들이 많이 있다.

셋째, 명상과 독서이다. 명상을 하면 스트레스가 감소하고, 뇌파의 변화로 피 속의 면역 활성물질이 늘어나 암 발생 가능성을 낮추는 효과가 나타난다. 미국 로욜라대학 의료팀의 연구에 따르면, 성인들을 대상으로 8주간 명상 프로그램을 실시한 후 혈액을 검사했더니 암을 죽이는 NK세포의 활성 수치가 크게 올라간 것으로 나타났다.

그 밖의 인지 놀이 손가락 운동이다. 손은 제2의 뇌라고 불릴 정도로 온몸으로 연결되어 있어, 간단한 손가락 운동으로 뇌 신경을 자극하여 치매 예방에 도움이 된다. 손가락 운동으로 수화법 익히기, 손가락 접기 운동, 손가락 체조, 박수 치기, 양손으로 그림 그리기, 양손으로 가위바위보, 실뜨기, 종이접기 등이 있다.

꾸준한 운동은 장수의 비결

직장생활 시절에는 바쁜 시간에도 건강을 유지하기 위해 회사 내 체력단련장에서 틈틈이 운동도 하고, 동호회에 가입하여 등산, 테니스, 탁구 등을 하거나, 근처의 피트니스 시설에 가서 운동하는 경우가 많았다. 젊었을 때는 무리를 해서라도 움직이지만, 은퇴 후에는 집 밖으로 나가는 것도 귀찮아지고, 취미활동도 하지 않는다면 몸의 활동량이 저절로 줄어든다. 하지만 마냥 귀찮다고 하여 몸을 움직이지 않으면 건강에 문제가 나타나기 시작한다.

신체기능의 노화현상은 40세 이후부터 서서히 진행하면서 60세 전후에는 급격하게 나타난다. 현대는 정기적인 건강검진과 효과적인 자기관리로 인해 건강하고 활동적인 체력을 유지하고 있어 100세까지 건강하게 살 수 있는 사람이 있는가 하면, 평소 음주나 흡연 등으로 자기관리를 제대로 하지 못하거나, 운동 부족 비만 등으로 질병 속에서 병원 치료와 약을 달고 살다가 죽는 사람도 있다.

운동 부족은 우리 몸의 노화현상을 가속화시키고, 인지력 저하와 삶의 질 하락이라는 나쁜 결과를 초래한다. 또한 운동량이 감소하는 만큼 우리 몸에서 근육이 점차 사라지고, 신체노화의 결과로 골밀도가 떨어지기 때문에 걷다가 넘어질 경우 뼈가 쉽게 부러질

위험성도 높아진다. 따라서 나이를 먹을수록 끊임없이 몸을 움직여서 근육량이 빠지는 것을 막아야 한다. 또한 운동 부족으로 신체 움직임이 줄어들면 삶의 질과 만족도도 함께 떨어지게 된다.

로이 세퍼드(Roy Shepard) 박사는 『노인병학 Geriatrics Magazine』 잡지의 '운동과 노화'라는 글에서 "규칙적으로 운동을 하는 은퇴자들은 운동을 하지 않는 은퇴자들보다 10~20년 정도 더 오래 살고 병원 신세를 지지 않는다"라고 말했다. 하지만 규칙적인 운동을 한다고 결심하지만 실천하지 않는 은퇴자들이 대부분이다. 운동은 은퇴 생활의 질을 결정하는 유일한 요소는 아니지만 중요한 요소 중 하나다. 매일은 아니더라도 일주일에 2~3번은 실천해보자. 몸에 땀이 배일 정도로 운동을 하면 몸과 마음이 가볍고 건강해짐을 느낄 것이다.

중요한 것은 그저 집 밖으로 나가서 운동하는 것이다. 몸을 움직이기 싫다고 느끼는 순간이 바로 운동이 가장 필요한 순간이다. 운동은 억지로라도 해야 한다. 일단 밖으로 나가면 기분이 상쾌하고 운동을 마치고 돌아오면 기분이 달라질 것이다.

영국의 비만전문가 수전 젭(Susan Jep) 박사는 매일 30분 동안 활기차게 걷는 것만으로도 체중을 줄이고 그 체중을 현상 유지하는 비결이라고 하면서 몇 가지 조언으로 ▲ 가능하면 앉아 있기보다는 서 있을 것 ▲ 모든 리모컨을 없애버릴 것 ▲ 엘리베이터나 에스컬레이터보다는 항상 계단을 이용할 것 ▲ 하루 종일 가능한 한 많이 걸을 것 ▲ 적당한 운동을 하려고 노력할 것, 그러나 그것을 전부로 생각하지는 말 것 등 이다.

국립중앙의료원이 성인과 60세 이상 고령자를 위한 맞춤형 운동 가이드라인을 제시했다. 성인의 경우 일주일에 2시간 30분 이상 달리기, 10분 이상 조깅 등 유산소 운동, 일주일에 팔·다리·엉덩이 등 신체 주요 근육운동 두 번 이상(한 근육당 8~12회 세트 동작 2~3회 반복). 60세 이상 고령자의 경우 유산소 운동으로 걷기, 수영, 자전거 등을 일주일에 3회 이상 하고, 유연성과 균형감각을 키우는 스트레칭, 맨손체조, 한 발 서기 등을 병행하면서 운동하여야 효과가 있다고 한다.

건강의 적, 당신의 뱃살

누구나 젊었을 때는 멋진 몸매를 가꾸기 위해 꾸준히 그리고 열심히 운동을 한다. 나이들면서 점차 운동하는 횟수가 줄어들게 마련이다. 이로 인하여 중년 이후 50~60세부터는 뱃살이 늘어나면서 여러 가지 질병을 동반하기 때문에 건강을 위해서는 운동을 더 열심히 해야 한다. 나이 들며 뱃살이 느는 것은 당연한 결과라고 볼 수 있다. 그런데 문제는 눈에 보이는 뱃살뿐만 아니라 고혈압, 당뇨, 심장병 나아가서 암의 위험도 증가하니, 한국인에게도 뱃살 걱정을 안 할 수 없는 이유이기도 하다. 또 한국인은 서구인들에 비해 체중만으로 볼 때는 비만하지 않지만 볼록하게 나온 복부비만이 상대적으로 흔하다. 복부비만이란 배꼽 둘레 길이가 남성은 90cm 이상, 여성은 85cm 이상으로 증가하는 것을 말하는데, 이 때부터 혈압, 당뇨, 고지혈증의 위험이 증가하게 되어 건강상에 문제를 일으키게 된다.

필자가 현직에 있을 때 직장교육 시 유태우 박사의 직장인 건강관리법에 대한 강의를 들은 생각이 났다. 그는 모든 질병의 근원은 뱃살 비만으로부터 발생한다고 하면서, 뱃살로 인한 질병은 주로 심장병과 뇌졸중을 일으키는 동맥경화의 원인뿐만 아니라 각종 암의 원인이 되기 때문에 질병 없이 건강하게 살기 위해서는 뱃살을 빼야 한다고 강조하였다.

우리나라 중년 여성들의 뱃살이 느는 중요한 원인은 식사는 대충 먹고, 간식으로 떡과 과일, 빵 등을 많이 먹기 때문이다. 이런 음식들은 생각보다 칼로리도 높고, 식후 수 시간 내에 바로 허기지게 만들므로 당뇨 환자가 아니라도 여러모로 탄수화물 위주의 식사를 자주 먹는 것은 지양해야 한다. 물론 남성 뱃살의 가장 큰 원인은 밤에 먹는 술과 안주다. 특히 저녁 이후에 먹은 열량은 고스란히 배에 저장하게 되는 결과를 낳는다. 무조건 음주를 하게 되면 뱃살은 늘 것이라고 생각하는 것이 합리적이다.

서울대 가정의학과 박민선 교수가 발표한 연구내용에 의하면 음주를 해야 하는 상황을 피할 수 없는 것이 우리의 현실이므로 뱃살과 고지혈증을 예방하려면 올바른 음주 습관으로 다음 5가지를 제시하였다.

첫째, 저녁에 술자리가 예정되어 있다면, 그날 아침 식사와 저녁 식사를 제대로 하는 것이다. 살이 찔 것을 생각해서 탄수화물을 지나치게 줄이거나, 과자나 빵 등으로 대충 때우려고 하면 오히려 몸은 열량을 저장하려는 작용 때문에 뱃살이 더 늘어나는 원인이 된다.

둘째, 배가 고픈 상태로 술자리에 가지 않도록 하는 것 또한 중요하다. 술을 마시는 것 자체가 식욕을 자극하고 포만감을 느끼지 못하게 만들게 되므로 평상시보다 늦은 시간에 술자리가 예상되어 있다면 그 전에 가볍게 우유나 샌드위치 등 간식을 챙겨 먹는 것이 좋다.

셋째, 기름진 안주는 피하고 생선회나 두부, 버섯류 등의 고단백 저지방 안주와 채소를 먹도록 한다. 술은 지방 사용을 막아 조금만 열량이 높은 것을 먹어도 바로 뱃살로 쌓이게 되기 때문이다.

넷째, 술 먹은 다음 날 아침 식사는 반드시 한다. 과음했다면 밥과 국 같이 뇌가 쓰는 탄수화물과 탈수로 인한 영향을 줄이기 위해 저녁에 칼로리 섭취가 많아 문제가 되는데, 아침 식사를 제대로 하지 않으면 점심과 저녁이 많아지는 악순환을 다시 반복하게 되기 때문이다.

마지막으로 술 한잔을 마시면, 반드시 물 한잔을 마시도록 노력해보자. 알코올 배출을 도울 뿐 아니라 장으로의 음식 흡수도 줄여줄 개연성이 있기 때문이다. 술자리가 많은 사람일수록, 평상시 운동을 열심히 해서 체력관리를 잘 해야 함은 두말할 나위가 없다. 물론 하루 2~3잔의 적정 음주는 전혀 문제가 안 되겠지만, 사회생활을 하다 보면, 경우에 따라 과음할 수밖에 없는 때도 있다. 피할 수 없는 자리라면 선택할 수 있는 것을 미리 준비해서 건강에 무리가 가지 않도록 하는 것이 건강을 지키고 뱃살도 줄이는 비결이다.

그렇다면 뱃살을 빼는 데는 운동시간이 중요하다. 체지방만을 줄일 목적으로 운동할 때는 공복에 하는 것이 효과적이지만, 나이

들면서 당대사의 이상이 생기기 쉬운 상황에서의 운동은 가급적 저녁 식후에 하는 것이 뱃살을 줄이는 데 가장 도움이 된다. 우선 걷기부터 시작해서 웨이트 트레이닝과 같은 근력운동을 주 2회 정도 추가하는 것이 좋은 방법이다.

미국의 스포츠의학 대학에서는 뱃살을 빼기 위한 운동으로 사람들에게 일주일에 세 번 이상 20~60분 간 지속적인 유산소 운동, 즉 달리기, 활기차게 걷기, 수영, 춤 등을 할 것을 권하고 있다. 그리고 일주일에 두 번 웨이트 트레이닝을 할 것을 권하고 있다. 바벨 들기는 몸의 균형과 자세를 개선하고 근육과 뼈를 튼튼하게 해준다. 60세 이상 고령자들에게는 유산소 운동과 웨이트 트레이닝을 무리하지 않고 꾸준히 실천한다면 노후 건강한 삶으로 인생의 즐거움을 누릴 것이라고 한다.

#5

장수하는 사람들의 생활 습관

사람들은 누구나 건강하게 장수하기를 간절히 원한다. 그러나 건강을 지키기 위한 꾸준한 노력 없이는 건강 장수는 보장되지 않는다. 건강 장수를 위한 좋은 생활 습관이 필요충분조건이다. 그렇다면 어떤 생활 습관을 가져야 좋은가? 현대사회의 병은 대부분 생활습관병이라 해도 과언이 아니다. 비만으로 인한 고혈압, 당뇨, 심장질환, 뇌졸증과 대장암 등이 대표적인 예이다. 오늘날 인간의 수명이 무려 30년이나 늘어나서 100세 이상 장수하는 인구가 지난 10년간 무려 50%나 늘어났다. 이처럼 장수하는 사람들의 장수 비결과 생활 습관에 대하여 많은 연구가 진행되었다.

미국 보스턴대 의과대학 연구팀에서 100세 이상 장수하는 사람들을 분석하여 사람들의 먹는 것이나 스트레스 대처법 등에서 공통된 특성을 가지고 있다는 사실을 알아냈다. 이처럼 장수하는 사람들이 가진 생활 습관에 대해 발표한 내용을 소개한다.

첫째, 일을 중단하지 않는다. 사람들이 갑작스럽게 일을 그만두고 나면 비만이나 만성질환에 걸리는 비율이 급상승한다고 한다. 100세 이상 장수자의 비율이 높은 이탈리아 키안티 지역에서는 대부분 일에서 퇴직한 뒤 작은 농장에서 포도나 채소를 기르며 하루 대부분의 시간을 보내고 있다고 한다. 결코 일을 그만두지 않은 것이다. 소일거리를 하면서 신체 활동을 지속적으로 하게 되면 자연과 함께 더불어 생활의 활력소가 된다.

둘째, 운동에 적극적이다. 자신에게 맞는 운동을 꾸준히 하면 혈액순환이 잘되고 신진대사가 활발해지면서 기분도 좋아지고, 근육과 뼈의 건강은 물론 균형감각을 향상시킨다. 운동은 처음 시작하기만 해도 즉시 효과가 나타난다. 강도 높은 운동보다는 그저 동네를 걷거나 가벼운 체조나 스트레칭, 요가 등 하루 30분 이상은 반드시 즐거운 마음으로 규칙적으로 활동을 한다.

셋째, 적어도 6시간은 잠을 잔다. 옛날부터 '잠이 보약'이라고 했다. 낮에 활동하면서 긴장했던 근육이 잠자는 동안 충분하게 이완이 되며 내부 장기들도 휴식을 취하면서 신체활동에 필요한 호르몬을 분비하여 필요한 에너지를 보존한다. 따라서 잠은 인체가 세포를 관리하고 치료하는 중요한 기능을 발휘하는 시간이며 노인의 경우 6시간은 되어야 한다. 100세를 기록하는 노인들의 경우 수면을 최우선 비결로 꼽는다.

넷째, 평정심을 유지한다. 100세 이상 생존자들은 고민거리를 내면에 숨겨두거나 밤새 씨름하는 일 따위는 하지 않는 것으로 나타났다. 극복하기 어렵다면, 스트레스를 관리하는 더 나은 방법을 찾아야 한다. 요가, 운동, 명상 등을 하거나, 그저 잠시라도 하던 행동을 멈추고 허공을 바라보며 그냥 몇 분간 깊이 숨을 쉬는 것만으로도 스트레스가 감소되고 기분은 곧 괜찮아진다. 장수 노인들은 사소한 일에 구애받지 않고 하루하루를 사랑하는 주변 사람들과 명랑하고 즐겁게 보낸다.

다섯째, 소식을 한다. 소식(小食)은 장수 방법 중 현재까지 알려진 가장 확실한 방법이다. 소식을 하게 되면, 생존의 위기감을 느낀 세포들은 재생에 쓰던 에너지를 유지 및 보수하는 쪽으로 투입하기 때문에 세포소멸이 줄어들고 이는 곧 수명 연장으로 이어진다.

여섯째, 사람들과 교류하고 어울린다. 사람들에게 본인이 먼저 적극적으로 다가가 말을 터서 대화하고 교류하는 것이 장수의 비결이다. 사람들과 대화하고 말을 한다는 것은 입을 움직이면서 동시에 시각, 청각 등의 오감을 통해 뇌를 쓰는 것이기 때문에 노화를 확실하게 예방하는 방법이라고 한다. 또 사람들과 대화를 하면서 본인의 감정 상태를 충분히 풀어내기 때문에 이를 통해서 만병의 근원인 스트레스에서 해방이 되면서 노화를 억제하는 효과가 있어 정신 건강에 도움이 된다고 한다.

건강은 아무리 강조해도 지나치지 않다. 위에서 언급한 생활습관을 잘 지키고 실천한다면 건강하게 장수할 수 있다. 건강은 유전 30%, 식습관이 30%, 운동 30%, 기타 환경 및 사고 등 10%로 구성되어 있다.

그러나 40대가 지나면서부터는 유전인자는 별로 영향을 주지 않는다고 한다. 따라서 40대 이후부터는 무엇을 어떻게 먹고 어떻게 운동하느냐 하는 습관에 건강이 달려 있다는 것이다.

전문가들은 한결같이 노화를 예방하고 건강하고 행복한 노후를 보내기 위해서는 마음을 평안하게 다스리기, 영양을 골고루 섭취하기, 금연하기, 만성질환 다스리기, 사람들과 활발하게 어울리기, 꾸준하게 운동하기, 그리고 강한 치아 만들기 등을 실천해야 한다고 언급하고 있다.

9장

평생 학습

시대

#1

평생학습을 통한 자아실현

100세 인생에서 학습과 교육은 매우 중요하다. 은퇴 후 삶이 길어지면서 은퇴 이후 인생에 대한 사회적 관심이 증가하고 새로운 인생 후반기를 준비하기 위한 평생교육의 중요성이 강조되고 있다. 인생 초기 단계에서 받은 교육의 효과는 떨어지고, 새로운 지식산업과 기술발전에 대응하고, 변화된 고용환경, 사회환경에 적응하기 위해서는 새로운 분야의 학습과 자격이 필요하다.

은퇴 이후 다단계 삶을 추구하기 위해서는 다양한 학습 형태의 평생교육을 통해 극복하거나 경험할 수 있다. 우리나라 평생교육은 교육을 이미 종료한 일반인들에게 문화와 여가, 스포츠 교육의 기회를 제공하는 것으로 인식되어 왔다. 오늘날 평생교육은 여가와 문화뿐 아니라 길어진 삶의 주기에 맞추어 새로운 지식과 정보 획득으로 자기계발과 재취업에 필요한 자격증 획득, 그리고 지속가능한 삶의 질을 고양하고, 자아실현을 위해 필요하다.

우리나라 은퇴자들은 높은 교육 수준, 낮은 빈곤율, 높은 사회 참여 의식, 그리고 부모보다는 자녀부양에 부담이 큰 세대라는 특징을 띠고 있다. 향후 20년 이상을 보내야 하는 노년기의 새로운 탐구와 사회 재적응, 재취업 등을 위해 평생학습이 도움을 주고 있다.

따라서 평생학습시대 은퇴자들에게는 자신의 세계를 넓혀주는 동시에 잠재적인 자기계발과 삶의 목적을 갖게 하는 것이 중요한 핵심 요소이다. 평생학습의 이점은 삶의 질이 향상되고, 새로운 지식습득을 통해 재취업을 원할 경우 성공 가능성이 높다는 것이다. 활발한 네트워크를 새롭게 형성하여 예전 직장에서의 동료가 아닌 다양한 계층의 사람들과 어울릴 수 있고, 새로운 삶의 에너지를 충전함으로써 삶의 만족도가 향상된다. 철학자 김형석 교수는 『人生問答』 책에서 60세가 넘으면 무조건 공부해야 하는 이유로 "내가 나를 정신적으로 키우고 성장해야 하니까 공부하라는 것이다. 60세 이후에는 지금까지 못 했던 공부를 다시 시작하라는 뜻이고, 내 인생을 살찌우기 위해서, 남은 여생을 보람 있게 살기 위해서 지식이나 생활 내용을 풍부하게 한다"고 말했다.

성공적인 은퇴의 가장 중요한 요소는 육체 및 정신 건강, 심리적 충만감, 가족과 친구와의 깊은 유대, 그리고 하고 싶은 일거리들이다. 여기에 덧붙여 평생학습자가 되면, 배움을 통해서 자신의 세계를 보다 넓히고, 성장할 수 있는 세상으로 만들 수 있다. 孔子의 "學而時習之 不亦說乎" 즉 배우고 익히면 이 또한 기쁘지 않겠느냐는 말이 있다. 평생 배운다는 마음 자세는 삶을 기쁘게 하고, 삶의 목적을 가지게 하는 은퇴 생활의 핵심이다.

은퇴자들이 평생교육을 하는 것도 추구하고자 하는 다양한 목적이 있다. 어떤 이들은 구직 자격을 취득하거나, 자기계발과 취미생활을 위한 목적으로 배우는 자가 있고, 여가활동을 통해 사람들과 교류를 하고 싶어서 다니는 사람도 있고, 새로운 학문에 관심이 있어 더 배우고 싶어서 공부하려는 자도 있다. 또한 자신의 지식과 경험의 연장선에서 학문을 탐구하면서 학위를 받아서 후학양성을 위해 봉사하려는 사람들도 있다. 모두가 자신의 꿈과 희망을 펼치기 위해 평생학습을 통해서 이루고자 하는 마음은 일치한다.

대부분의 은퇴자들이 깨닫는 진리인 "인생은 배움에 끝이 없다는 사실"에 공감하고 있다. 누구나 은퇴 후에도 자신이 계속 발전하고 성장하기를 원한다. 그렇게 자신이 평생학습을 하고 싶다면, 주변의 평생교육기관이나 교육프로그램을 찾아봐야 한다. 이런 평생교육을 통해서 자신이 상상할 수 있는 모든 것을 배울 수 있도록 기회를 열어주면, 인생에 큰 도움이 될 것이다.

한국교육개발원의 「2021년도 국가평생교육 통계조사」보고서에 따르면, 우리나라 성인(만25~79세)의 평생학습 참여율은 30.7%로, 성인 10명 중 3명이 평생학습에 참여한 것으로 나타났으며, 남성이 32.0%, 여성이 29.5%다. 연령별로는 청년층 참여율(40.6%)이 노년층 참여율(19.2%)보다 21.4% 높게 나타났다. 형식교육 참여율은 0.8%, 비형식교육 참여율은 30.2%로 나타났다. 형식교육은 초·중등학교나 대학에서 이루어지는 정규교육과정을 통해 졸업장이나 학위를 취득할 수 있는 교육이며, 비형식교육은 공식적인 학위나 졸업장의 취득을 목적으로 하지 않으면서 교육프로그램이나 강좌를 통해 학습 및 훈련에 참여하는 교육으로 자기계발, 취미활동, 자격증 취득, 건강 및 스포츠 강좌 등으로 이루어지고 있다. 평생학습 참여 시간은 연평균 88시간이며, 1인당 연평균 평생학습 교육비는 32만 원으로 나타났다.

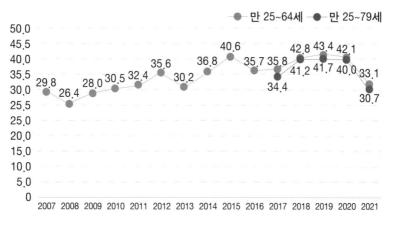

(출처 : 한국교육개발원자료)

평생교육 프로그램 주제별 학습자는 직업능력향상이 40.0%로 가장 높게 나타났으며, 다음으로 문화예술 과정이 25.5%, 인문교양교육 과정이 24.0%, 학력보완 과정이 10.1% 순으로 나타났다. 그러나 지역 평생학습관에서 운영하는 성인 대상 평생교육 프로그램은 인문교양교육이 44.3%로 가장 높은 참여율을 보이고 있으며, 다음으로 문화예술교육이 41.8%, 직업능력향상 교육이 7.8%, 학력보완 교육이 3.5%, 성인문자 해득 및 시민참여교육이 2.5% 순으로 나타났다.

평생학습기관으로 국가평생교육진흥원이 운영하는 국가평생학습 포털 '늘배움' 에서는 평생학습의 수요자들을 위해 다양한 양질의 교육콘텐츠를 제공하고 있으며, 그 밖의 오픈형 온라인 공개강좌 K-MOOC, 대학공개강의 서비스 KOCW, 한국방송통신대학교 U-KNOU 캠퍼스 등에서도 다양한 평생교육 강좌를 누구나 무료로 들을 수가 있다.

자기계발을 위한 평생교육

은퇴란 인생 전환기로 새로운 시작을 위한 도전과 변화는 피할 수 없다. 도전과 변화에 적응하기 위해 의미 있게 보내는 방법 중에 하나가 공부를 멈추지 않는 것이다. "그동안 일하면서 동료들과 경쟁에서 뒤처지지 않기 위해 끊임없이 공부해 왔는데, 은퇴 후에는 경쟁할 필요 없는 세상에서 공부해서 뭐하게"라고 할지 모른다. 인생은 일과 배움을 중단하면 바로 노인이 된다. 그러나 쉼 없이 배우고 공부하는 자세는 뇌를 깨우고 정신을 건강하게 유지해줌으로써 노화를 늦추면서 청년 못지않게 정신적으로 성장하게 하는 것이다.

은퇴자에게 평생교육은 개인의 남은 생애를 통하여 능동적인 자세로 계속적 학습의 기회를 추구한다. 인간의 조화로운 내적 성장과 변화로 은퇴 후 노후생활을 창조적으로 개척해 나갈 수 있는 지식과 기술을 배우게 된다. 인간은 죽을 때까지 일과 배움을 멈춰서는 안 된다. 쉼 없이 배우고 공부하는 자세는 뇌를 깨우고 정신을 건강하게 유지해줌으로써 청년 못지않게 젊은 중년으로 남게 해준다. 또한 시니어의 평생학습 참여는 세상과 소통하면서 사회적 관계를 증진시키고, 노화를 늦추면서 우울감 예방에 긍정적인 효과가 있다는 연구 결과도 있다.

평생학습사회에서 은퇴자의 배움의 자세는 그들의 남은 생애 역량을 증진함으로써 삶의 질을 고양하고, 취업 등 그들의 생애를 설계할 수 있게 해준다. 특히 고학력으로 무장된 베이비 부머 세대가 본격적으로 은퇴하는 시점에 접어들면서 급격한 사회 변화에 적극적으로 적응하기 위한 평생교육에 대한 관심과 수요도 증가하고 있다. 은퇴 이후 새로운 공부나 기술을 배우는 등 새로운 분야에 도전하는 것은 행복한 노후를 위해 매우 좋은 선택 중의 하나다. 새로운 학습을 통해 지적 욕구를 충족시킬 수 있으며, 새로운 사회적 관계망의 확장이 가능하다. 즉, 동년배들과의 교류를 통해 같은 공감대가 있는 관계도 의미가 있지만, 자신이 배우고 싶었던 관심 분야의 지식과 기술 습득을 위한 학습의 장에서 만난 젊은이들과 교류하면서, 신선한 자극을 받을 수도 있고 젊은이들에 대한 이해의 폭도 넓힐 수 있다.

따라서 은퇴자들이 보다 적극적으로 배움과 지원에 대한 정보를 탐색하여 자신에게 적합한 교육을 선택하는 것이 바람직하다. 정부나 지자체에서 운영하는 다양한 교육 및 훈련 제도를 적극적으로 활용할 수 있다. 이때 필수적인 것이 '국민내일배움카드'다. 국민내일배움카드 혜택으로는 ▲ 국민 누구나 비용 부담 없이 직업능력개발 훈련을 받을 수 있도록 직업훈련비(학원/아카데미 등)를 1인당 5년간 최대 500만 원까지 지원해주는 제도 ▲ 고용노동부로부터 적합성을 인정받아 공고된 훈련과정에 대해서 훈련비 45~85%를 지원받을 수 있음 ▲ 대상은 재직자, 실업자, 특수형태 근로자, 자영업자 등 해당되는 사람이다.

은퇴 후 자기계발은 은퇴생활의 보람과 활력을 찾을 수 있는 중요한 의미를 갖는다.

물론 현역시절에는 자기계발의 목적은 대체로 경쟁사회에서 살아남기 위한 생존수단이었다면, 은퇴 후 자기계발은 자신의 자아를 찾고, 자신의 인생 가치를 실현하고, 여유로운 생활을 즐길 수 있는 방안이다.

그러면 은퇴 후의 가장 바람직한 자기계발 계획을 어떻게 세우는 것이 좋은지 진지하게 생각해봐야 한다. 자격증을 취득할 것인지, 취미로 배울 것인지, 학문 분야에서 연구하여 학위를 취득할 것인지 등 어떤 분야에, 어디에서 무슨 공부를 할 것인지, 배우고 나면 얻는 것이 무엇인지 목표와 방법에 대해 구체적으로 계획을 세워야 한다.

#3

MZ세대가 바라보는 은퇴자

MZ세대들이 은퇴 후 자신을 어떻게 바라보고 있는지 한번쯤 고민해볼 필요가 있다. 과거 70~80년대에는 은퇴자라면 대부분 집안의 어르신처럼 노인으로 대우받고 사회활동을 하지 않다 보니 젊은 세대들과 함께 어울리거나 공존할 기회가 거의 없었다. 그러나 오늘날 베이비 부머 세대 은퇴자들은 높은 학력과 사회적 활동으로 얻은 지식과 풍부한 경험을 바탕으로 사회에 환원하거나 재취업을 통해 제2의 인생 후반전을 살아가고 있는 세대이다. 그러다 보니 MZ세대와 자연스럽게 어울려야 하고 같은 공동체 속에서 함께 공존하며 이해하고 살아가야 한다.

MZ세대란 밀레니얼(Millennials)의 M과 제너레이션(Generation)의 Z가 합쳐진 말이다. M세대는 1980년대 초부터 2000년 초 출생한 세대로 정보기술(IT)에 능통하며 대학 진학률이 높다는 특징이 있다. Z세대는 1990년대 중반~2000년 초반 출생한 세대로 디지털 환경에서 자란 '디지털 네이티브(디지털 원주민)'라는 특징이 있다. 통계청에 따르면 MZ세대는 2019년 기준 약 1,700만 명으로 국내 인구의 34%를 차지한다고 한다.

우리를 더 중시했던 기성세대와는 다르게 자기애가 더욱 강한

MZ세대에 대한 이해를 하기 위해 몇 가지 특징을 살펴본다. ▲ 공과 사는 분리되어야 하고 ▲ 자연과 도시를 동시에 좋아하고 ▲ 개인화와 차별화를 추구하고 ▲ 실용성을 중요하게 생각하고 ▲ 공정성을 중시하며 문제해결에 주저하지 않고 ▲ 본인에게 투자를 아끼지 않고 ▲ 수평적 조직문화를 선호하며 ▲ 글보다는 영상에 익숙하고 ▲ 환경을 생각하는 소비에 관심이 많다 등이 있다.

베이비 부머 은퇴 세대는 부모에게 물려받은 재산은 없지만, 부모를 내가 모시고 돌봐야 하는 사람에 가깝고, 자녀들에게는 교육이며, 취미생활이며, 여행 등 무한정 다 해주고 싶은 세대이다. 하지만 MZ세대는 다르다. MZ세대의 부모들은 경제적으로 여유가 있고 자녀에게 부양을 기대하지 않는다. 상대적으로 MZ세대가 부모를 책임져야 하는 부담은 작아진 것이다. 대신 부모에게 재산을 물려받기를 기대할 것이다.

오늘날 MZ세대는 공정성을 중시하는 것으로 부모보다 경제적으로 어렵게 사는 세대라는 시대적 상황으로 볼 때, MZ세대는 부모 상속 재산의 분배에 많이 민감할 수밖에 없다는 것을 알고 있어야 한다. 어떤 부모도 본인이 물려줄 재산으로 인해 자녀들이 싸우는 것을 원치 않을 것이다. 부모가 물려준 재산이 분쟁의 씨앗이 되지 않으려면, 가장 중요한 것은 자녀들에게 최소한 경제적 자립심을 갖게 해주고 금융(재테크)교육을 시켜 스스로 힘으로 살아갈 수 있도록 하거나, 아니면 사회에 환원하는 차원에서 불우이웃에게

나, 장학금 등으로 기부하는 것도 생각해봐야 한다.

다음으로 MZ세대들은 은퇴한 사람들이 자신들의 앞에서 어떻게 보이고, 어떤 방식으로 함께할지 바람직한 공존방식에 대한 생각을 다음과 같이 말한다.

첫 번째로 어리다고 무례하게 대하지 않아야 한다. 은퇴할 나이가 되면 노화가 진행되어 자연스럽게 얼굴에 주름이 생기고, 흰머리가 많다. 그렇다고 자식뻘 되는 MZ세대에게 '아가씨' '어이' 하는 식의 무례하게 반말하거나, 기분 나쁘게 호칭해서는 안된다. 직장 안에서나 밖에서도 신분에 맞게 적절한 호칭이나, 선생님으로 존중하는 마음을 담아 불러주는 것이 교양있고, 상대방에게 예의를 지켜주는 것이다.

두 번째로 꾸준하게 운동하여 젊고 건강한 모습을 보여주도록 노력해야 한다. 직장생활을 떠나 은퇴하게 되면 자연스럽게 외부 외출이 줄어들고 사람들과의 교류도 거의 없어지면서 자신을 꾸미고 관리하는 것 자체를 소홀해지거나 방치할 수 있다. 하지만 나이 들수록 자신의 몸을 관리하고 건강을 유지하기 위해서는 꾸준히 운동을 하여 자녀들 앞에서도 건강한 체력을 보여줌으로써 부모의 건강을 걱정하지 않도록 하는 것이 필요하다.

셋째로 책을 가까이 하도록 노력해야 한다. 은퇴 후에는 노안으로 시력이 떨어지는 것은 자연스런 현상이다. 그러기 때문에 대부분 60대 이상이 되면 책을 멀리하고 독서를 하지 않는 것은 나쁘다고 말할 수 없다. 그러나 60세가 넘어서 독서를 하는 사람은 지적으로 성장하고 정신적으로 늙지 않는다고 한다. 집에서 거실이나 안방에서 TV만 보는 것하고 비교하여 책을 보는 부모의 모습을 자녀들이 볼 때 정서적으로나 심리적으로 안정감을 주고, 올바른 독서 의식을 심어준다. 연세대 김형석 명예교수는 "나이 들어서 책 읽는 사람은 존중을 받고, 나이 들었다고 해서 읽지 못하는 사람은 사그라들고 말아요. 독서가 나의 행복의 원천이 되고 우리 사회를 성장시키는 데 큰 도움이 된다" 라고 하였다.

마지막으로 은퇴 후 자신의 꿈 펼치기다. 사람은 누구나 꿈을 가지고 있다. 그 꿈을 실현하고자 노력하여 대학에 진학하고, 직장에 취업하여 결혼도 하고 자녀들 교육과 집 장만하는 데 온 정성을 쏟아 부었다.

그러나 진정 자신이 원하는 꿈보다는 현실에 충실해야 했다. 세월이 흘러 은퇴를 하게 되면, 이제라도 자신이 소중히 간직해온 꿈을 펼치고 싶다면 늦었다고 생각하지 말고 뭐든지 시작하기를 권한다.

K-MOOC 등 온라인 평생교육 현황

 은퇴 후 소일거리하면서 자기계발을 위해 시간을 보내는 방법 중의 하나로 K-MOOC(Massive, Open, Online, Course) 등 온라인 평생교육프로그램에 등록하여 관심 있고 배우고 싶은 공부를 계속하는 것이다. K-MOOC란 한국형 온라인 공개강좌로, 신뢰할 수 있는 우수한 고등교육 콘텐츠를 제공하여 배우고자 하는 모든 사람들에게 어제보다 나은 미래, 새로운 미래, 더 다채로운 미래를 만들 수 있도록 평생학습을 실현하는 데 그 목적이 있다.

 학문 분야별로 인문, 자연, 사회, 의약, 예체능, 공학, 융·복합, 블루 리본으로 구분하여 강좌를 개설 운영하고 있다. 인문분야에 571강좌, 사회분야 518강좌, 자연 210강좌, 의약분야 157강좌, 예체능 131강좌, 공학 455강좌, 융복합 15강좌, 블루 리본 강좌 81개, 4차 산업혁명 분야 195강좌, AI인공지능 분야 121강좌 등으로 전체 2,454강좌가 개설·운영되고 있다. 그 외에 묶음별 강좌라든지 학점은행제 학습과정으로 경영학 등 12개 전공분야별 강좌를 무료로 운영하고 있다.

 학습자별 맞춤형 강좌로 운영되고 있는바, 청소년들에게는 온라인 학습자료, 미래진학 및 생애 진로 탐색에 활용되고, 대학(원)

생에게는 사전수업 준비 및 심화(보충) 학습, 전과학생의 선수학습에 활용되고, 일반 성인 학습자들에게는 적성과 관심사에 따라 수준별 학습, 최신 지식 및 정보 습득을 위해 활용되고, 구직자 및 재직자에게는 창업을 위한 개인역량 강화, 창업 아이템 발굴 및 정보활용, 직업 훈련에 활용되도록 만들어졌다.

이와 더불어 대학공개강좌 서비스로 KOCW(Korea Open Course Ware)는 국내외 대학 및 기관에서 자발적으로 공개한 강의를 무료로 제공하는 서비스로 대학생, 교수자는 물론 배움을 필요로 하는 누구든지 이용가능하다. 전국 185개 대학에서 제공한 인문과학, 사회과학, 공학, 자연과학, 교육학, 의약학, 예술·체육 등 16,563개 강좌를 들을 수 있으며, 33개 기관에서 제공하는 2,549개 강좌를 들을 수 있다.

또한 국가평생교육진흥원이 운영하는 국가평생학습 포털 '늘배움' 에서는 평생학습의 수요자들을 위해 기초문해, 학력보완, 직업능력, 문화예술, 인문교양, 시민참여 분야별 다양한 양질의 교육콘텐츠 15,232개 강좌를 제공하고 있으며, 그 밖의 ON배움터, 우리동네 배움터에 들어가면 지역별 다양한 평생교육 강좌를 무료로 들을 수가 있다.그리고 서울시 평생학습포털에서도 온라인 학습 874개 강좌를 운영하고 있다. 개설과목으로는 법정의무, 인문학, 외국어, 가족건강, 정보컴퓨터, 자격증, 취창업, 문화교양 등이 있어 다양한 콘텐츠를 무료로 이용할 수 있다.

한국방송통신대학교 입학

한국방송통신대학교("방송대")는 국립대학으로서, 우리나라 최초의 원격교육기관으로서 고등교육 기회를 제공하고, 더불어 급속하게 변화하는 시대에 적응하고, 일반교양과 각종 직업에 필요한 전문교육을 실시하여 국민의 평생교육기관으로서 역할을 수행하고 있다.

특히 베이비 부머 세대가 본격적으로 은퇴하는 시점에 접어들면서 급격한 사회 변화에 적극적으로 대응하기 위한 평생교육의 요람 방송대가 있다. 과거 방송대는 경제, 연령, 지리 등 이유로 대학 교육을 받지 못한 사람들에게 대학 교육을 제공하여 졸업장을 취득할 목적으로 입학을 하였다면, 요즈음은 은퇴자들이 재입학하여 관심 있는 교과목에 대해 체계적으로 자기계발을 위해 방송대를 다니는 학생 수가 증가하는 추세이다.

특히 입학·편입하는 학생의 과반 이상이 학사 학위 이상의 40대로 100세 시대를 살아가는 은퇴자들이 퇴직 이후 인생 후반전의 재설계를 위해 급격히 증가하고 있다. 방송대의 장점은 등록금이 저렴하다는 것이다. 인문계열 기준 한 학기당 35만 원, 이공계열은

40만 원 상당이며, 일반대학의 1/10수준으로 계속 공부를 하고 싶은 국민 누구에게나 열린 대학이 되었다. 방송대는 원격교육의 중심대학으로 현재 총 24개 학과가 설치되었으며, 컴퓨터만 있으면 인터넷을 통해 언제 어디든지 수업을 받을 수 있다.

또한 전국 광역시·도별 지역대학이나, 가까운 시·군 학습관에서 주말에 대면 수업도 받는다. 방송대 특징은 남녀노소 할 것 없이 함께 공부하는 곳으로, 젊은 사람들의 신세대 사고와 중년들의 지식과 경험이 공유되는 매력이 넘치는 학교이다. 더불어 석사과정으로 대학원 19개 전공학과, 경영대학원 7개 전공학과를 설치 운영하고 있다.

아울러 방송대의 U-KNOU캠퍼스는 1,000여 개 강좌를 누구에게나 공부를 하고 싶은 사람들에게 개방되어 제공하고 있다. 주제별로는 인문, 사회, 자연, 교육, 예술, 자기계발, 자격증과 취업, 취미, 여행 등 다양한 콘텐츠로 제공하고 있어 은퇴자들에게 평생학습을 할 수 있는 가장 좋은 고등교육기관이다.

10장

행복한

인생 후반전

인생 후반전 나답게 살기

'나답게 사는 것'은 '남이 하라는 대로 사는 것'과 대립하는 개념
이다. 그동안 사회와 가족의 기대에 부응하고 남이 하라는 대로 마
땅히 해야 할 일을 하면서 살아왔다. 그러나 반대로 나답게 사는 것
은 마음의 목소리를 듣고, 자신의 바람을 실현하며, 자신이 원하는
모습으로 성장하는 것을 의미한다. 즉 자신답게 살고, 자신이 희망
하는 모습으로 살기 위해 노력하는 것은 자기 인생에 책임을 지는
일이다. 자신답게 살아가는 길에서 우리는 때로는 외롭고, 때로는
자신의 선택에 책임을 져야 한다.

나이가 들수록 자신에 관한 호기심이 필요하다. 나다움이 무엇
인지를 적극적으로 알아야 한다. 어떻게 나다움을 찾아야 할까?
나다움을 발견하는 가장 좋은 방법은 자신이 매우 좋아하는 것에
서 찾아야 하고, 깊이 파고들어야 한다. 그것이 나답게 사는 시작
이다. 우리는 이전 세대가 가지 않았던 길을 가면서, 나는 누구인
가, 나의 삶을 어떻게 구성할 것인가. 나 자신의 정체성과 가치를
어떻게 반영하여 인생 후반을 살 것인가를 생각해야 한다. 엊그제
젊은 날에 신입직원으로 입사하여 출발한 지 어느덧 30~40년, 세

월이 유수와 같이 흐르는 것처럼 인생의 속도도 매우 빠르다는 것을 절감한다. 은퇴와 노후, 나와는 상관없는 먼 훗날의 이야기로만 여겼는데, 은퇴하고 나니, 그 많은 세월을 누구를 위해 열심히 살아왔는가 생각하게 된다. 잠시 쉬면서 뒤돌아보자.

한편으로 은퇴 후 나답게 사는 건 자신의 개성(personality)을 지키고 사는 것이다. 개성이란 단어는 개인(person)이 가진 것이라고 규정되고 있다. 그동안 삶에 대해 스스로 자기 인생을 돌아보면 개성을 살려서 나답게 살아왔는지 자신에게 물어보자. 대부분 그렇지 않다고 생각할 것이다. 학창 시절로 돌아가 보자, 열심히 노력하여 대학을 진학하였지만, 자기 적성에 맞는 대학과 전공과목을 선택하여 지원한 사람이 과연 얼마나 될까? 전공보다는 자기 학력고사 점수에 맞게 지원하게 되고, 지방대학보다 서울 소재 대학을 선호하여 다니며 졸업하게 된다. 그리고 취직을 위해 전공과 관계없이 공무원이든, 대기업이든, 공공기관이든 남들이 선호하는 직장을 향해 그 기관에서 원하는 입사 시험을 다시 공부하여 새로운 일을 하게 된다. 대부분 사람들이 그렇게 다른 인생 길로 살아왔다.

그동안 가족과 자식만을 위하고, 회사와 직장에 충성하기 급급해 자신의 노후 준비는 꿈도 꾸지 못한 채로 열심히 살아왔다면, 이제는 나를 위해 살면 된다. 앞으로 100세까지 살 수 있다는 것이다. 따라서 남은 20~30년을 헛되지 않고 후회 없이 나답게 살기 위해서는 어떻게 해야 하는가? 은퇴하고 지금부터 시작하면 늦는다. 은퇴 5년 전부터 준비한다면, 그 해답은 간단하다.

우선 은퇴 후 "내 인생을 나답게 살기" 위해서는 몇 가지 사항들에 대해 계획과 현 상황에서 어떻게 실천할 것인지가 중요한 관건으로, ▲ 자신에 대한 이해 정도 ▲ 자신의 건강에 대한 인식 ▲ 노후생활 자금이 어느 정도인지 ▲ 어떤 일을 할 것인지 ▲ 부부와 친구 등 관계가 원만한지 ▲ 여가활동과 취미생활 등을 하나씩 점검해야 할 것이다.

첫째, 자신에 대한 이해가 필요하다. 사람은 타고난 재능(talent)과 성격(personality)을 가지고 있다. 살아가면서 자신의 재능, 즉 잠재능력을 발견하고 잘 사용하는 것은 성공과 행복을 추구하는 데 핵심 요소이다.

재능은 어떤 일을 하는 데 필요한 재주와 능력, 개인이 선천적으로 타고난 능력과 훈련에 의하여 획득된 능력을 말한다. 사회생활과 직장생활에서 인정받고 즐거웠던 자신의 잠재능력을 찾아서 노후에 발휘하도록 해야 한다. 다음으로 성격으로 불리는 자신의 성향과 기질이 어떤 유형인지를 알고 있어야 한다. 타고난 성향과 기질 등을 알 수 있는 검사로 행동유형(DISC) 검사 [그림1], 성격유형(MBTI) 검사 [그림2] 등이 있다. 이러한 객관적인 검사와 해석을 통해 자신의 성격과 성향을 이해함으로써 나만의 행복한 노후를 만들 수 있다.

둘째, 자신의 건강에 대해 알아야 한다. 건강은 타고난 유전적인 요인도 있지만 후천적으로 관리하는 정도에 따라 달라진다. 100세 시대에 삶의 질을 결정하는 가장 기본적이고 중요한 요소이다. 건강을 잃으면 모든 것을 잃어버린다는 의미이다. 인간은 나이들수록 노화가 자연스럽게 진행되지만, 사람마다 어떻게 관리하느냐에 따라 건강 상태가 천차만별이다. 자신의 건강에 대한 강점과 약점은 어느 의사보다 자기 자신이 훨씬 잘 알고 있다. 따라서 자신의 건강에 대한 SWOT분석을 통해 보완 관리를 잘 해야, 인생을 내 마음대로 이끌어 살 수 있다. 아울러 정기적인 건강 검진을 통해 적절한 관리도 필요하다.

셋째, 노후 여유자금이 있어야 한다. 은퇴 후 노후 자금이 부족하지 않을 정도로 여유가 있다면, 남은 여생을 자유롭게 보내는 데 매우 중요하다. 은퇴 후 여유자금이 있어야 생활비, 의료비, 여행비, 자녀 결혼 비용, 취미활동 등에 긴요하게 사용할 수 있다. 경제적으로 쪼들리지 않고 풍요로운 노후를 보내기 위해서는 경제적으로 안정되어야 하므로, 연금 외에 고정적으로 나오는 수입이 있어야 한다.

넷째, 어떤 활동적인 일을 하면서 세월을 보내야 한다. 내 인생을 자신의 의지대로 보내기 위해서는 무슨 일이든 해야 한다. 현직에 있을 때와 은퇴했을 때 가장 큰 변화가 시간활용이다. 시간이 많다고 매일 취미생활과 여행을 하고, TV만 보면서 비생산적으로 노후생활을 보낼 수는 없다.

그러므로 은퇴자에게 활동은 자신의 존재감이나 정체성 측면에서도 인정을 받게 되며, 신체적·정신적으로 건강하게 해주고, 주변과 교류를 통해 사회적 관계 형성으로 자신감을 준다. 어떤 형태로든 활동적인 일을 하는 것이 중요하다.

다섯째, 부부, 친구와의 관계가 좋아야 한다. 은퇴 후에 부부 금실이 좋아야 하고, 어울리는 친한 친구가 있어야 노후 인생이 즐겁고 행복하다. 은퇴 전과 후의 환경변화 중에 하나가 부부관계의 변화이다.

은퇴 후 긴긴 시간을 부부가 집 안의 공간에서 함께 보내야 하는데 남편은 집에서 쉬고 싶은 마음이고, 아내는 가사에서 독립하여 자유를 만끽하고 싶어 한다. 따라서 남편과 아내에서 나타나는 생각과 행동의 차이를 이해해야 하며, 노후에 행복한 부부생활을 하기 위해서는 은퇴 후 부부 간에 나타나는 현실을 올바르게 존중하면서 인정해야 한다. 아울러 노후를 함께할 취미도 같고 성격도 비슷한 가장 좋은 친구 3~5명 정도 있으면 정서적으로나 활동적으로 건강해지고 행복하여 더 오래 산다는 연구 결과도 있다.

여섯째, 여가생활과 취미생활을 즐겨야 한다. 여가활동과 취미생활은 사람의 정신적 및 육체적인 스트레스를 해소시키며, 개인의 즐거움을 위해 마음의 안정과 휴식을 제공하고, 새롭고 활력 있는 에너지를 충전해준다. 여가활동과 취미생활은 혼자서 하는 것보다는 배우자나, 친구, 공동체 소속으로 어울리면서 함께 하게 되면 만족도와 행복지수가 높아져 인생의 즐거움을 느끼게 된다. 그 밖에 여가활동으로 자기계발이나 사회 봉사와 같은 활동을 함으로써 보람찬 인생을 보낼 수 있다.

앞서 언급했듯이 모두 실행가능 하면 최상이지만, 개인의 여건이나 상황에 맞추어서 할 수 있으면, 은퇴 후 나를 위한 인생을 즐겁고 행복하게 보낼 수 있다. 많은 사람이 인생의 끝자락에서 후회하는 것은 두 가지가 있다. 하나는 내가 그토록 하고 싶었던 것을 제대로 해보지 못한 것이고, 둘째는 내 인생을 마음대로 산 날이 별로 없다는 것이다. "단 한 번뿐인 인생, 나답게 살아 보자" 마지막으로 나답게 살기 위해 가장 필요한 것이 용기이다. 뒤늦게 새로운 일을 도전하려고 할 때는 누구나 두렵다. 그때 용기를 발휘해야 한다. 용기있는 자만이 인생 후반전을 나답게 살 수 있다.

필자의 공직 선배들의 은퇴 이후 나답게 산다는 건 어떻게 사는 것인지 사례를 정리해 보았다.

▲ 현역일 때는 누군가의 지시를 받고 의무감으로 살았지만, 지금은 내가 선택한 삶을 살면서 내 자신에게 투자하고, 나를 소중히 여기는 것이다.

▲ 나답게 사는 것은 용기가 필요하다. 젊었을 때는 시간이 없다는 이유로 마음먹은 일을 실천하지 못했으나, 이제는 경제력도

되고, 시간의 여유가 있어 골프 등 취미생활을 즐기는 것이다.

▲ 나답게 사는 것이란 출세할 필요도 없고 욕심을 버리고 건강을 지키면서 소박한 전원생활을 하면서 텃밭을 가꾸며 즐겁게 사는 것이다.

▲ 공직생활을 하느라 시간적 여유가 없이 바쁘게 시달리며 살았는데, 퇴직 후 그동안 하고 싶었던 것을 해보면서 색소폰을 배우게 되었다. 지금은 시내에서 버스킹하고 있다. 사람들에게 기쁨을 주니 즐겁고 행복하다.

▲ 원래 교사가 꿈이었다. 퇴직 이후 공직의 경험을 바탕으로 대학에서 학생들에게 강의하는 것이 진정으로 나답게 사는 삶이라고 생각한다.

▲ 공직생활 30여 년을 국민과 국가를 위해 살아왔다고 보면, 퇴직 후에는 자신에게 투자하고, 내 인생의 버킷리스트를 작성하여 하나씩 실천하는 것이 나답게 사는 것이라고 본다.

▲ 퇴직 이후 인생의 시간이 얼마나 소중한지 알았다. 나답게 살기 위해서는 하고 싶은 일, 먹고 싶은 거, 가고 싶은 곳 모두 기회가 되면 찾아다니는 것이다.

▲ 나답게 살고 싶은데 뜻대로 안 되는 것이 많다. 가장 큰 이유는 경제적인 형편 때문에 파트타임으로 일하는 것 말고는, 세상사에 신경 안 쓰고 조용히 보내는 것이다.

[그림1]

[DISC 행동 유형별 특징]

주도형
(Dominance)

외향형
(빠른 성향)

사교형
(Influence)

개발 · 창조 · 직감형

- 지도력이 있다.
- 활동적이며 결과를 중시한다.
- 매사에 주도적이며 자신감이
  충만하다.
- 성취욕이 강하고 도전적이고
  모험을 좋아한다.
- 솔직 단순하고 결론 위주로
  소통한다.

촉진 · 설득 · 카운셀러형

- 매사에 낙천적이고 열정적이다.
- 풍부한 상상력이 있다.
- 말 솜씨가 좋아 설득력이 뛰어나다.
- 매너가 좋고 사교적이다.
- 분위기를 이끄는 능력이 탁월하다

업무중심
(일처리형)

D　I

S　C

관계중심
(사람지향)

전문 · 성취 · 탐구형

- 일관성과 꾸준함으로 예측 가능.
- 협조적이며 상대방 배려심이 높다.
- 성실하고 안정적이며 온화하다.
- 남의 말을 잘 들어주며 경청을
  잘하며 갈등보다는 평화와 안정을
  추구한다.

실천 · 객관 · 완벽형

- 원칙과 기준을 잘 지킨다.
- 완벽을 추구하고 매사에 신중하다.
- 일을 정확하고 유능하게 한다.
- 논리적이고 객관 · 분석적이다.
- 도덕성이 높고 예의 바르다.

안정형
(Steadiness)

내향형
(느린 성향)

신중형
(Conscientiousness)

(출처 : 상담심리학 학습자료 재구성)

[그림2]

[MBTI 성격 유형별 특징]

ISTJ
소금형
한번 시작한
일은 끝까지
해내는 사람

ISFJ
권력형
성실하고
온화하며 협조를
잘하는 사람

INFJ
예언자형
사람에 관한
뛰어난 통찰력을
가진 사람

INTJ
과학자형
전체를 조합하여
비전을
제시하는 사람

ISTP
백과사전형
논리적이고
뛰어난 상황
적응력을
가진 사람

ISFP
성인군자형
따뜻한 감성을
가지고 있는
겸손한 사람

INFP
탐색가형
이상적인
세상을
만들어가는 사람

INTP
아이디어형
비평적인
관점을 가진
뛰어난 전략가

ESTP
활동가형
친구, 운동, 음식
등 다양한
활동을
선호하는 사람

ESFP
사교형
분위기를
고조시키는
우호적인 성격

ENFP
영원한 청춘형
열정적으로
새 관계를
만드는 사람

ENTP
발명가형
풍부한
상상력으로
새로운 것에
도전하는 사람

ESTJ
사업가형
사무적, 실용적,
현실적인 스타일

ESFJ
친선도모형
친절, 현실감을
바탕으로
타인에게 봉사

ENFJ
언변능숙형
타인의 성장을
도모하고
협동하는 사람

ENTJ
지도자형
비전을 갖고
타인을
활력적으로
이끌어나가는 사람

(출처 : 상담심리학 학습자료 재구성)

은퇴가 주는 행복

　은퇴란 개인이 전 생애에 걸친 생활 주기상에서 겪게 되는 하나의 중요한 사건이다. 또한 공식적으로 일에서 물러나는 과정으로 은퇴란 자신이 속한 기관에서 직업적 경력과 책임에서 벗어나거나 끝남을 의미한다. 따라서 은퇴는 개인의 삶에서 단순히 직업의 상실이라는 차원을 넘어 신체적, 심리적, 경제적, 사회적 변화를 가져온다. 그래서 은퇴는 개인에게 매우 중요한 의미를 가진다.

　은퇴는 내가 원하는 것을, 내가 좋아하는 사람과 언제든 함께 할 수 있다는 선택의 자유를 준다. 이 자유를 온전히 내 것으로 만들려면 스스로 창의적이고 독립적인 삶의 방식을 준비하여 갖추어야 한다. 그러려면 무엇보다도 무엇을 할 것인가 삶의 목적이 있어야 하고 그 목적을 실행할 방법과 계획을 준비해야 한다.

　은퇴는 내 생애 마지막 주는 선물이자 기회일 수 있다. 그동안 직장의 책임자로서, 집안의 가장으로서 온갖 역경을 이기고 열심히 살아온 자신에게 고생했다고 인정해주면서, 평안한 휴식을 즐겨보자. 즉 은퇴자로서의 자유로움에서 오는 행복감, 일상의 여유있는 평화와 안락, 평소 하고 싶었던 취미생활에 대한 즐거움, 여행을 통해 현지 문화 체험, 자아실현 등 모두가 남의 간섭을 받지 않아도 되는 자신의 의지만 있다면, 모든 꿈을 이룰 수 있다.

일반적으로 은퇴는 개인이 다니던 직장이란 삶의 중심축에서 벗어나 가정으로의 삶 또는 새로운 일터의 삶의 시스템으로 전환되는 것을 말한다. 특히 현업 시절에는 일과 삶의 불균형 속에서 살았던 대부분의 은퇴자들은 처음 몇 개월은 고된 직장에서 벗어나 휴식을 만끽하는 자유로운 몸으로 즐거움을 즐길 수 있다. 그러나 어느 정도 시간이 지날수록 인적교류가 단절되고 갈 곳이 없어 소외될 때, 의기소침해지면서 불안함을 극복할 수 있는 삶의 목적을 찾아야 한다.

은퇴의 또 다른 행복은 남이 설계한 수동적 인생이 아니라 내가 직접 설계한 주도적인 인생을 추구할 수 있다는 것이다. 은퇴 전에 충분한 준비로 적극적인 은퇴자는 하고 싶은 일거리가 많을 뿐 아니라 취미활동이나 여가생활을 통해 균형 있는 삶을 기다리고 있을 것이다. 행복한 은퇴자들은 은퇴 후 오히려 생활이 즐거우면서 과거보다 더 바빠서 삶의 보람을 느끼게 될 것이다.

부부간의 대화법

　은퇴 전에는 직장을 중심으로 사회적 관계 속에서 모든 삶의 방식이 대부분 외부 사람들과의 만남과 대화를 하며 주로 살아왔다. 그러나 은퇴 후에는 직장에서 가정으로 돌아오면서 사회적 관계보다는 가족과의 관계 속에서 부부 중심으로 삶의 방식이 바뀌게 되면서 아내와 대화를 더 많이 하며 살아야 한다. 따라서 은퇴 전과 후의 환경변화로 하루 종일 대화상대가 부부 중심으로 이루어지므로 서로 큰 영향을 미친다.

　은퇴 후 긴긴 세월을 부부가 함께 보내야 하는 상황에서 부부간의 대화법의 형태가 갈등으로 이어지기 때문에 은퇴 후 행복을 기대한다면 부부간의 대화 방법이 매우 중요하다는 것을 인식해야 한다.

　부부간의 대화에서 남성과 여성의 대화 방법에는 차이가 있다. 일반적으로 남편은 아내의 얘기를 차분히 들어주지 못하고 지배하고 상대방의 얘기를 중단시키며 주제를 바꾸는 경향이 있다. 반면에 아내는 남편에게 얘기를 많이 하고 싶고, 남편이 자신의 말을 잘 경청해 주기를 원한다. 남성에게 대화란 문제 해결책을 나누는 방법으로 객관적 사실과 정보를 주고 받는 데 익숙하다. 여성은 개인적 관계와 감정적인 지지와 공감을 얻기 위해 주관적인 대화를 한다. 그러므로 여성은 구체적인 경험을 세밀하고 상세하게 이야기하게 된다. 어떤 문제가 있을 경우 남편이 들어주고 자기 입장을 이해하기만 해도 힘을 얻어 문제를 해결할 수 있다. 그러나 남편은 문제 해결책을 제시해야 한다고 생각한다. 해결되지 않는 감정 문제만 되풀이하면서 여성의 감정을 고쳐주려고 하는 것이 남성들이 가장 자주 범하는 잘못이다. 남성들은 여성이 문제를 이야기하며 동정하고 들어주는 귀를 원하면서 해결책에 대한 부담을 덜고자 하는 마음을 읽도록 노력해야 한다.

한국인들은 전통적으로 의사소통을 통해서 서로를 드러내고 이해하는 데 익숙하지가 않다. 특별히 언어를 통해서 자신을 표현하는 데 훈련이 되지 않은 것이 사실이다. 한국인의 전통적인 미덕으로 남자에게는 과묵함, 여자에게는 수다스럽지 않는 것이 적절한 것으로 평가되었다. 결혼한 후에 남편은 가부장적 권위를 기초로 이루어진 부부 관계의 연장에서 권위적이고 지시적인 독선의 성격을 가지고 있고, 아내는 남편의 지시를 수용하고 순종하는 데 익숙해져 있다. 이러한 전통적인 영향이 부부간의 대화가 활발하지 못하게 된 요인이 되기도 한다.

은퇴 후 중년기 부부의 갈등을 해소하기 위한 효과적인 대화법은 무엇인가? 행복한 부부 관계를 유지하기 위해서는 열린 대화를 통해서 서로의 감정과 욕구를 솔직하게 나누고, 서로가 원하는 것을 말해줌으로써 갈등을 해결하고 화목해질 수 있다. 최규련(2000)

의 『행복한 결혼생활을 위한 부부 대화법』논문에서 정리한 부부간의 대화 방법을 위한 실제적인 내용을 요약하였다.

첫째, 친밀감 형성을 위한 대화이어야 한다. 현대 사회에서는 인간관계에서의 소외감과 고독감이 한층 고조되어 있는바, 부부 사이 대화에서도 사랑의 감정이 있는 애정, 상호 보살핌, 신뢰, 감정의 솔직한 대화 등이 필요하고, 비언어 표현으로 서로의 손을 잡거나, 가볍게 안아주면서 어깨나 등을 두드리는 행위인 비언어적 접촉을 생각할 수 있다.

둘째, 상대방을 비난하지 않아야 한다. 부부가 대화할 때 상대방을 탓하는 말을 하는 경우가 많이 있다. 자신을 화나게 하고 상대방을 비난하게 하여 모든 것을 상대방의 책임으로 몰아가서 자신의 행동을 합리화하려는 것은 바람직하지 않다. 특히 부부간의 대화를 진행하는 동안 잊지 말아야 할 것은 자기감정을 잘 통제하는 것이다. 화가 난다고 가시 돋친 말로 언성을 높이거나, 분별없이 화를 낼 경우는 싸움으로 번지고 만다. 상대방에 대한 지나친 분노의 표현은 오랫동안 기억되어 깊은 상처를 주며 마음속에 충격적인 경험을 주기 때문에 안 된다. 그래서 서로의 감정이나 기분을 상하지 않도록 감정을 잠시 억누르고, 잘잘못을 떠나 먼저 사과를 한 후에 대화를 시작하는 방법도 있다.

셋째, 서로 칭찬하면서 대화한다. 옛말에 "고래도 칭찬하면 춤을 춘다"는 말이 있다. 인간의 본성은 칭찬받고자 하는 열망이 있다. 칭찬이란 서로의 가치를 부여하는 동시에 서로를 치켜 세워 주고 격려하며 공경하는 의미가 있다. 부부간의 대화가 막혀있고 서로에게 거리감이 느껴지며 분위기가 좋지 않을 때, 용기를 주는 칭찬의 말 한마디가 대화의 문을 열고 배우자의 사기를 높인다. 따라서 칭찬은 구체적이고 부드럽게 배우자의 인격과 행동에서 탁월하게 동기가 부여되어 스스로 해결할 수 있도록 영향을 준다.

넷째, 서로의 감정에 공감하는 것이다. 이 말은 상대방의 이야기를 상대방의 관점에서 상황을 살피고 염려한다는 것이다. 대화 중에 상대방의 이야기를 좋아하지 않거나 동의하지 않을 수도 있다. 그러나 잘 들어보면 자신에게 똑같은 일이 생기거나 상대의 위치에 처하게 되면 아마 동일한 느낌을 받게 되리라는 인식을 가져야 한다. 그러므로 부부가 이야기를 할 때 상대방의 감정에 공감하려는 적극적인 모습을 보이는 태도이다. 부부간에 공감을 하는데 있어서 중요한 것은, 상대방의 느낌을 잘 파악하는 것이다. 따라서 부부간의 대화는 몸의 언어를 통한 대화에도 민감해야 하고 목소리에 따라 상대방을 파악하는 것도 간과해서는 안 된다. 상대방이 표현하는 이러한 느낌을 잘 이해하고 공감해주었을 때 부부관계는 대립과 갈등에서 이해와 행복을 향한 진정한 모습으로 잘 지낼 수 있다.

은퇴자의 부부 생각

과거엔 은퇴 후 부부가 함께 사는 시간은 10년이 채 되지 않았다. 하지만 지금은 다르다. 100세 시대에는 부부가 함께 살아야 하는 시간이 최소 30년이다. 아침 일찍 회사에 나갔다가 자정에 귀가하고 밖에서 식사를 모두 해결하면서 주말도 없이 일했던 남편에게는 로망이 있다. 아내와 하루 3끼 식사를 같이 하고 주말엔 영화도 보러 나가고 마치 결혼 전 연애 시절처럼 살아보길 원한다. 거주지도 전원 생활이 가능한 서울 근교로 옮기고 주말 농부로 살아보고 싶다. 당연히 아내도 본인과 같은 은퇴 생활을 꿈꾸고 있을 것이라고 생각한다.

하지만 아내의 속마음은 다르다. 은퇴 후 부부의 동상이몽(同床異夢)은 일본의 베스트셀러인 『끝난 사람』에 나오는 이야기다.

"하루 온종일 같이 지내라고요? 애들 다 키웠는데 다 늙어서 남편까지 돌봐야 하나요. 밥도 점심, 저녁까지 신경 써서 차려줘야 하고, 놀아줘야 하고, 은퇴해서 위축된 남편 기분도 달래줘야 하고, 정말 너무 불편하고 부담스러워요" "혼자서 할 줄 아는 것은 하나도 없고, 왜 하루 종일 아내만 찾는지 모르겠어요. 특별한 용건도 없는데 괜히 찾고, 정말 답답해요"

은퇴는 삶의 터전이 회사에서 집으로 바뀌는 것을 의미한다. 일 중심으로 직장인이었어도 은퇴하면 사회적 관계 중심에서 가족 관계 중심으로 바꾸어야 한다. 은퇴 후 행복한 부부생활을 한다는 것은 전에 부부간의 함께한 삶이 서로 의지하고 잘 살아왔다는 것을 보여준다고 할 수 있다. 노후 행복한 부부생활을 하기 위해서는 먼저 은퇴 후 부부간에 나타나는 현실을 올바르게 인식하고 인정해야 한다. 이 변화는 남편과 아내 모두에게 일어나기 때문에 서로 인정하고 존중하면서 소통으로 풀어가는 것이 무엇보다 중요하다. 은퇴 후 남편과 아내에게 나타나는 생각과 행동의 차이는 서로가 처한 입장 때문이다. 먼저 대부분의 남편은 그동안 가족을 위해 수고한 것에 보상을 받고 싶고 집에서 포근한 안식을 취하고 싶다. 또한 아내와 외식도 하고 여행도 함께 다니며 정답게 노후를 보내고 싶어 한다.

그러나 아내는 그동안 남편과 자녀를 위해 헌신한 것에서 벗어나 그동안 소홀히 했던 자신을 위해 하고 싶은 것을 찾아가고 싶고, 가사에서도 독립하여 자유를 누리고 싶어 한다. 아내는 더 이상 남편만 바라보는 해바라기가 아니기 때문이다. 밖에 나가 친구들과 모임을 갖거나 이런저런 취미활동도 하고 싶어 예전처럼 남편을 챙기려 들지 않는다.

실제로 미래에셋 은퇴연구소가 은퇴 후 남편과 아내의 생각 차이를 조사한 결과에 따르면 부부가 함께하는 시간에서 남편의

56%가 하루에 6시간 이상을 아내와 함께 있고 싶어 한 반면, 아내는 72%가 하루에 5시간 이하로 남편과 함께 있고 싶어 한다. 또 은퇴 후 주거계획에 있어서도 남편 75%는 전원생활이 가능한 시골에서 전원주택을 선호하는 반면, 아내 65%는 수도권이나 대도시 등에서 문화시설이 가능한 아파트에서 살고 싶어 한다. 또한 한국보건연구원의 조사 결과에 의하면 아내의 71.8%가 나이 든 남편이 짐이고 스트레스가 매우 부담스럽다고 답변했다. 다른 조사 결과에서도 은퇴 여성의 45%가 '남편이 귀찮다'고 한 결과도 있다. 또한 일본에서도 은퇴전문가 오가와 유리가 조사한 바에 의하면 은퇴 후 가장 인기 있는 남편 1위는 집안일 잘 도와주는 남편, 건강한 남편, 요리 잘하는 남편, 상냥한 남편 중 그 어느 것도 아니고 '집에 없는 남편'이라고 한다.

노후생활에 필요한 것에 대해 남편들은 '아내, 집사람, 와이프, 마누라, 애들 엄마'로 처음부터 끝까지 아내라고 했다. 한마디로 아내가 없으면 살 수가 없는 '아내바라기'라고 할 수 있다. 그러나 같은 질문에 아내들은 '돈, 딸, 친구, 반려동물, 찜질방' 순으로 남편은 아내에게 거의 필요없는 존재거나 오히려 짐만 되는 존재로 인식되었다. 이렇듯 은퇴 후 남편과 아내의 생각이 다르기 때문에 서로의 생각과 서로에게 원하는 바를 잘 알고 이에 맞게 행동하는 것이 매우 중요하다.

남편은 아내와 함께 인생 후반전을 꿈꾸는 경우가 많은 것과 달리 아내는 가정으로부터의 자유를 꿈꾸는 경우가 많다는 사실을 인정해야 한다는 것이다. 그러므로 남편들은 은퇴 후 '나만의 시간'을 기획하고 준비해야 한다. 파트타임으로 일을 해서 수입을 얻는 일이든, 자기실현 활동이든, 사회공헌 활동이든, 건강이 허락하는 한 소일거리를 가질 수 있도록 준비하는 자세가 필요하다.

결론적으로 아내는 남편들에게 그동안 처자식 먹여 살리느라 고생했다고 칭찬을 해주고, 남편은 아내에게 살림하면서 자녀들 뒷바라지하느라 수고했다고 서로 칭찬과 격려를 해주면 뭐든지 자기 역할에서 할 일을 할 수 있는 사람으로 만들 수 있게 된다. 부부는 서로 이해와 관용으로 손잡고 노후 삶의 여정을 동행하는 최고의 은퇴 설계 동반자이다.

#5

부부의 역할 변화

　은퇴 후에는 직업적 역할이나 사회적 관계가 없어지면서 남편은 직장에서 가정으로 돌아오게 된다. 현역 시절에는 직장동료나 사회적 관계에서 인적교류가 많았지만 은퇴하고 나면, 함께 어울렸던 동료나 사회적 관계망이 자연스럽게 소원해지거나 교류가 거의 없어지고, 자연스럽게 가족과 배우자와의 관계가 밀접하게 된다.

　남편이 은퇴생활에 접어들면 아내는 그동안 스스로 운용하던 자유로운 시간을 상실하게 되는 반면, 남편은 가사활동을 도우면서 아내와 함께 그동안 하지 못했던 여가 활동을 할 수 있다는 기대를 한다.

　문제는 아내는 남편의 기대와는 달리 아내의 영역이던 가정에 어느 날 갑자기 은퇴한 남편이 침입자처럼 등장하면 아내는 하루 종일 자녀들 외에 남편을 보살펴야 하는 입장이 된다. 그래서 자유를 구속당하는 느낌을 받게 된다. 이 같은 생활이 지속이 되면 아내는 스트레스를 받게 되면서 소위 말하는 '은퇴남편 증후군'이 생기게 된다.

　그동안 남편의 직장생활로 인해 외부 활동이 많았지만, 가정으로 돌아오면서 아내의 활동에 제한을 주며 속박하는 새로운 역할자로 등장한 것이다. 이에 따라 은퇴는 부부관계에서도 역할 변화를 일으킨다.

은퇴를 맞게 되면 남편은 경제력을 상실하게 되고, 사회적 역할이 축소됨에 따라 남편의 권위도 떨어진다. 은퇴 전에는 남편이 돈을 벌어 오면서 가장으로서 가정경제를 책임졌다. 부부 역할 관계에서 경제권을 가지고 있어서 집안일의 중요한 의사결정을 하는 데 있어서도 남편의 의견이 존중되었다. 또한 아내나 자녀들에게 있어서도 가장으로서 상당한 대우를 받아왔다. 그러나 이제 돈을 벌어 오는 경제적 역할이 끝남과 동시에 남편의 권위나 대우도 예전 같을 수 없게 된다.

우리나라 노년기 부부들을 보면 규범적 차원에 따라 남편이 직장에 다닐 때는 대부분 영향력에 있어서 힘이 남편에게 있는 것처럼 보인다. 그러나 남편이 은퇴하고 나면 남편의 영향력이 상대적으로 약해지면서 위축된다. 또한 은퇴 후 노년기의 부부 영향력 관계는 각자가 동원할 수 있는 자원과 역할이 달라지는 과정에서 부부가 상호작용하면서 형성되어 간다.

특히 평균수명 연장으로 은퇴 후에는 부부만이 함께 시간을 보내는 기간이 길어지고, 정서적·심리적으로 한층 더 의존하게 된다. 그러므로 부부의 관계 정도에 따라 노후 삶의 만족도를 결정짓는 중요한 요소가 된다.

은퇴 후 부부의 역할 구조가 균형을 이루지 못하면 어떻게 될까?

힘이 약한 사람은 불편한 마음에 자꾸 서운하고 섭섭한 마음이 든다. 때로는 무시를 당하는 듯한 느낌을 넘어서 애물단지로 취급당하는 것 같다. 힘을 가진 쪽에서는 상대 배우자를 못마땅하게 여기며 짜증을 내게 된다. 결국 부부 갈등이 심화될 수 있다.

한 연구자료에 따르면 노후에 부부가 행복해지는 방법으로 아내 입장과 남편 입장이 다르다는 것을 보여준다. 아내는 이런 은퇴 남편을 원한다. ▲ 1위가 자립적인 남편, ▲ 2위는 밖에 나가 적극적으로 활동하는 남편, ▲ 3위는 건강에 신경을 쓰는 남편, ▲ 4위는 가사 분담을 해주는 남편, ▲ 5위는 아내 말에 진심으로 관심을 기울여 주고 존중해주는 남편이었다. 다음은 은퇴한 남편들이 원하는 아내는, ▲ 1위가 건강하고 활기찬 아내, ▲ 2위는 잔소리 않고 간섭하지 않는 아내, ▲ 3위는 나와 같은 취미를 즐기는 아내, ▲ 4위는 나보다 장수하는 아내, ▲ 5위는 좋아하는 일에 도전하는 아내로 나타났다.

은퇴자들의 부부관계는 평생 희로애락을 함께 해온 동반자다. 남편이 경제적 능력이 없다는 이유로 대우를 받지 못하거나, 아내의 영역이 침범되고 자유로운 생활이 제한받는다고 스트레스를 받지 않도록 서로 노력을 해야 한다. 부부란 오랫동안 감정적인 유대가 쌓여 왔기 때문에 상대의 자존심이 상하지 않도록 조심하면서 서로 격려하고 인정해준다면 행복한 관계를 유지할 수 있다.

그러므로 건강한 부부관계를 위해서는 은퇴 전에 가정경제의 흐름에 대해 남편이 관심을 가져야 하고, 퇴직 후 자신의 용돈 정도는 마련할 수 있는 방법을 찾아야 한다. 은퇴 후에도 부부의 역할 구조가 균형을 이룰 필요가 있으므로 각자의 역할을 다시 나누고 자원도 서로 배분해 공유하는 것이 중요하다.

자녀를 독립시키자

행복하고 편안한 노후를 맞이하기 위해서는 건강, 돈, 일, 여가 활동 등 여러 가지 조건을 충족해야 가능하다. 그러나 가장 중요한 노후대비 재테크는 '자녀의 경제적 독립'을 시키는 것이다. 성인이 되어도 결혼도 하지 않고, 경제적 독립을 하지 못한 자녀가 있다면 노후에 불안한 요소이자 리스크가 될 수 있다. 요즈음 젊은 사람들이 결혼은 필수가 아닌 선택으로 생각하거나 아예 비혼주의를 선언하는 사람도 많다. 결혼 여부를 떠나 부모에게는 짐이 될 뿐만 아니라 숙제로 남아 있는 것이다.

보건복지부 조사에 의하면 부모가 언제까지 자녀 양육을 책임져야 하는가? 라는 질문에 대학 졸업할 때까지 지원해야 한다고 응답한 비율이 49.6%, 결혼할 때까지 양육 책임이 있다고 응답한 비율이 20.4%였다. 취업할 때까지 지원을 해야 한다고 응답한 비율도 15.7%나 되었다.

'캥거루족'이라는 말이 있다. 이는 어미 캥거루의 주머니에서 보살핌을 받고 살아간다고 해서 나온 말이다. 이 말은 우리나라뿐만 아니라 다른 국가에서도 비슷하게 사용되는 용어가 있다. 일본에서는 부모에게 기생하는 독신이라는 뜻의 '파라사이트 싱글', 미국에서는 키덜트(Kid+Adult)나, 대학 졸업 후에도 취업을 못 해 경제적으로 독립하지 못하고 부모 곁에 머무는 자녀를 '낀 세대'라는 의미의 '트윅스터(Twixter)'라고 부른다. 캐나다에서는 직업을 구하러 이리저리 다니다가 결국 집으로 돌아온다는 뜻에서 '부메랑 키즈'라고 부르고, 영국에서는 부모 퇴직연금을 축낸다는 뜻에서 '키퍼스(KIPPERS: Kid in Parents Pockets Eroding Retirement Saving)'라는 말이 있고, 이탈리아에서는 엄마가 해 주는 음식에 집착한다는 의미의 '맘모네(Mammone)'라고 칭하는 말이 있다.

우리나라는 학교를 졸업한 이후에도 취업을 못 해 경제적으로 독립하지 못하거나, 석·박사나 유학으로 학업을 계속하면서 부모와 함께 사는 20~30대 젊은 층을 캥거루족, 취업을 했더라도 경제적으로 독립을 못 하고 부모에게 의존하는 30~40대를 신캥거루족이라고 부른다. 또한 취직도 하지 않고 창업 등 사업을 시작하겠다고 하는 자녀들도 있다. 물론 사업 계획을 세우고 미래 전망 등을 따져보고 추진한다고 하지만 사업엔 기본적인 자본이 있어야 한다. 더구나 은행 융자로 투자금을 대출 받았을 경우 이 또한 부모로서 나 몰라라 할 수 없다. 물론 부모가 경제적 여유가 있다면 지원할 수 있다. 사업이 잘되면 다행이지만, 실패할 경우 본인의 경제적 어려움뿐만 아니라 부모의 노후 자금마저 송두리째 빼앗아 갈 수도 있다는 것이다.

이렇듯 자녀가 성인이 되어서라도 독립하지 않고 여러 가지 형태로 부모와 동거하거나 부모에게 경제적으로 의존을 하게 되면 부모의 노후는 아무리 준비를 했더라도 보장을 할 수 없게 된다. 그러므로 은퇴자 부모 입장에서는 가능한 빨리 자녀를 독립시켜야 한다. 결국 자녀를 잘 독립시키는 것이 노후 행복의 시작이다. 자녀는 독립된 인격체이자 성인으로서 자신 삶의 책임 의식을 가지고 살아가도록 하는 것이 자녀도 행복하고, 은퇴 후 부모로서 노년의 삶도 행복할 것이라고 본다.

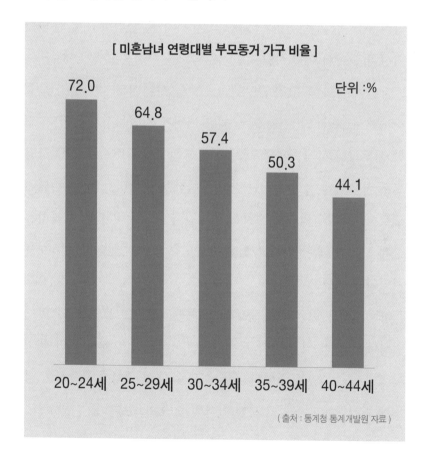

[미혼남녀 연령대별 부모동거 가구 비율]

단위 :%

72.0
64.8
57.4
50.3
44.1

20~24세　25~29세　30~34세　35~39세　40~44세

(출처 : 통계청 통계개발원 자료)

아버지의 이름을 유산으로 남기자

세상에는 살아있는 동안에 훌륭한 업적을 이루어서 이름을 남기는 사람도 있고, 아름다운 선행을 하여 따듯한 마음을 전함으로써 이름을 남기는 사람들이 많다. 옛말에 "호랑이는 죽어서 가죽을 남기고, 사람은 죽어서 이름을 남긴다"라는 속담이 있다. 누구나 자신이 죽어서 어떤 사람으로 기억되기를 원하는지 생각해보자.

자신이 은퇴 후 함께 근무했던 동료들 사이에서, 아니면 친구들 사이에서 뭐라고 평가를 받게 되고 어떻게 기억될지 궁금하다. 또한 배우자나 자식들에게, 형제나 친척들에게 아버지는 어떤 사람으로 마음속에 기억될지 한번 쯤 생각해볼 만하다. 그동안 사회인으로서, 한 가정의 아버지로서 책임감을 가지고 가족을 행복하게 살게 하기 위해, 성실하고 좋은 사람으로 열심히 살아왔다는 것을 기억되길 원할 것이다.

아버지란 사람은 가족들에게 어떤 존재감으로 보였을까? 아내 입장에서 보면 생각이 다를 수 있고, 자녀들 입장에서 보면 생각이 또 다를 수 있을 것이다. 직장인으로 매일 새벽에 출근하여 밤늦게 귀가하는 피곤하고 지친 아빠의 모습으로 보여질 수 있고, 자상한 아버지로서 주말에는 자녀들과 즐거운 시간을 보내면서 추억을 많이 쌓았던 모습으로 보여질 수 있다. 다른 측면에서는 가부장적으로 엄하고 근엄하신 모습의 존재감이 있으면서 자식과 아내에 대한 애정은 있으나 사랑한다는 표현에는 서툴렀을지도 모른다. 아버지란 이름으로 한 가정에 대한 책임감과 성실한 자세로 삶의 무게를 지탱하면서 가족을 이끌었던 모습으로 다양하게 보여질 수 있다고 본다.

과연 내 자신이 세상을 떠났을 때 배우자와 자녀들, 주변 사람들에게 어떤 평가를 받게 되고, 유산으로 무엇을 남겨야 할지 생각할 필요가 있다고 본다. 가장 중요한 가치는 아버지란 이름으로 존경받고 아름다운 사람으로 남을 수 있을까? 하는 것이다. 사람마다 살아온 환경이 다르고, 삶의 가치관이 다르기 때문에 어떤 형태로 이름을 남겨두게 될 것인지는 각자의 방법이나 생각이 다를 수 있다. 예를 들어 교육에 뜻이 있어 전 재산을 장학사업에 기부하여 후학을 양성하는 교육자로, 봉사활동을 통해 어려운 이웃을 돕는 자원봉사자로, 가난한 사람들에게 의료기술을 통해 병이나 질병을 무료로 치료해주는 의사로 이름을 남길 수도 있다.

또한 자신의 성장 과정과 살아온 인생을 자서전 형태로 기록하여 남길 수 있는 방법 등으로 아버지의 이름을 유산으로 남기는 것이 중요하다. 따라서 자녀들에게 물질적인 재산을 물려주면 부모에 대한 감사의 유효기간이 짧지만, 아버지 이름으로 정신적인 유산을 남기면 대대손손 이어진다고 본다.

11장

국내에서

한 달 살기

경험

한 달 살기의 의미

요즈음 퇴직자들 사이에 제주나 특정 지역에서 '한 달만 살아보고 싶다'는 이야기를 많이 한다. 그만큼 현재 사는 곳에서 멀리 떨어져 있는 국내외 장소를 선택하여, 오랜 시간 동안 여유롭게 머물고 싶어 하기 때문이다. 오랜 직장생활에서 벗어나 한 발짝 떨어져 새로운 곳에서 마음의 여유로운 일상을 꿈꾸기 때문일 것이다. 최근에는 한 달, 혹은 그 이상의 기간 동안 여행지에서 머물며 현지인처럼 일상을 즐기는 '한 달 살기'가 여행의 새로운 트렌드로 자리 잡아가고 있다. 천천히 흘러가는 시간 속에서 진정한 여유를 만끽하려고 한다. 은퇴자들이 버킷리스트에서 가장 많이 희망하는 것 중에서 우선순위가 제주에서 한 달 살기 경험이다. 코로나 상황에 해외여행의 제약으로 갈 수 없는 상황이라 더욱더 제주도라도 가서 한 달 정도 휴식을 취하고 싶은 마음이 있는 것 같다.

은퇴자들에게 한 달 살기의 의미는 무엇일까? 국내에서든, 해외에서든 한 달 살기는 여행 일정이 길지 않으면서 잘 짜여진 상태에서 역사와 문화를 탐방하는 관광지를 찾아가서 구경하고, 호텔에서 생활하면서 여행하는 것과는 성격이 다르다. 일정한 장소에 장기간 머물면서 현지 사람들과 같은 생활 공간 속에서 주변 관광지나 문화를 체험하고, 현지 사람들과의 교류를 통해 여유를 즐기면서 새로운 경험을 느낄 수 있는 휴식에 가까운 여행이다.

사람마다 각자의 생각이 있어 다를 수 있으나, 그동안 바쁜 일상으로 제대로 된 휴가를 가지 못한 것도 있고, 오랫동안 직장생활로 지친 심신을 추스르고, 혼잡한 도시에서 벗어나고 싶은 심정으로 휴양을 하고 싶은 것이다. 아름다운 자연 속에서 인생 2라운드 설계를 위해 나를 돌아보는 계기 등으로 삼을 수 있다. 또한 20~30년의 긴 직장 생활에서의 보낸 세월이 가족과 직장을 위해 헌신하였다면, 진작 자신을 돌볼 틈도 없이 보낸 시간에 비하면, 한 달이란 자신에게 보상할 수 있는 너무 소중한 기회일 수도 있다. 이를 실행하려면 무엇보다도 경제적인 문제보다도 본인의 용기가 필요하다.

#2

제주에서의 한 달 살기

필자는 당초 해외에서 한 달 살기로 마음을 먹었는데, 코로나로 인한 해외 여행이 막히면서 제주도로 가기로 결정했다. 제주도는 사계절 내내 매력적인 풍경으로 국민들 사이에 사랑받는 대표적인 국내 여행지로 손꼽힌다. 우리나라에 아름다운 제주도가 있다는 것은 감사하게 생각하면서 정말 복 받은 나라라고 생각한다. 필자는 공로연수 기간에 제주에서 '21.10.25~'21.12.10(45일)까지 일정으로 제주도 서귀포시 섭지코지 근처에서 살아본 경험이 있다. 현직에 있을 때는 업무로 인한 출장으로 자주 갔었지만, 볼일이 끝나면 근처 관광지 한두 곳 정도 들러보고 곧바로 돌아오는 상황이어서 제대로 관광할 수 있는 여건은 아니었다. 고등학교 때 수학여행을 제주도로 갔던 추억을 회상하면서 서울에서 가장 멀고, 아름다운 천혜의 자연환경을 가진 제주도를 한 달 살기 장소로 정하여 머물고 싶었다.

제주도에 오랫동안 숙박하면서 여행할 수 있는 차가 필요하여, 승용차를 가져가기로 하였다. 출발 당일 집사람하고 고흥 녹도항에서 1박을 하고 아침 9시 배로 3시간 30분여만에 제주항에 도착하였다. 참고로 제주로 향하는 여객선 출발지는 목포, 진도, 해남

(우수영), 사천, 인천지역에서 운행하고 있다. 만약 차량을 싣고 제주에 들어갈 경우는 반드시 여객선 편에 사전 예약을 해야한다. 숙소에 짐을 풀자마자 주변 마을과 해변을 산책하면서 마음의 여유와 앞으로 제주 생활 기대에 처음 느껴본 심정은 도시로부터의 탈출과 복잡함을 한꺼번에 날려버릴 정도로 자유로움을 찾은 느낌만큼 너무 좋았다.

제주에서는 주간 단위로 일정을 계획하여 제주 관광 안내 지도를 참고하여 여행 일정을 잡았다. 다음으로 그동안 바쁜 생활에 만나지 못했던 친구와 형제, 직장동료들과 함께 보내기로 일정을 잡아보았다.

친구나, 형제, 동료들과의 함께 지내는 시간은 도시에서 잠깐 만나 점심 먹고 헤어지는 것보다는 몇 백 배 값진 소중한 시간을 보낼 수 있었기에 그 순간 행복했었다. 특히 교육부에서 함께 근무한 직장 동료들과의 바베큐 파티는 직장에서의 고생하면서 지낸 일들을 밤새도록 시간 가는 줄 모르고 즐겁게 이야기하며 시간을 보냈다. 좋은 과거 나쁜 과거 모두 지나간 일들이지만 그 무엇보다도 바꿀 수 없는 멋진 추억이었다. 집사람과 고교시절 수학여행지를 다시 한번 방문하여 옛 추억을 다시 소환하였다. 학창시절에는 매우 웅장하고 커다란 느낌을 받았었는데 성인이 된 지금은 왠지 작아 보였지만, 아름다운 그 모습은 그대로였다. 형제들과의 처음으로 제주여행은 유명 관광지를 돌아보고, 제주 반 바퀴를 도는 여행을 하면서 형제들의 따뜻한 우애와 고생했던 청소년 시절을 공유하면서, 부모님의 자식 사랑과 그리움을 다시 한번 느끼는 계기가 되었다. 그리고 방송대 직장동료와 한라산 등반 계획을 세워서 정상까지 함께 올라가면서 그동안 직장생활에서 느낀 애환을 이야기하고 정상에 이르게 되면서 싹 날려버렸다. 마침 한라산 정상에서 본 눈꽃처럼 피어있는 상고대 모습은 마치 설국열차를 보는 듯한 장관이었다.

제주 여행에서 가장 행복했던 추억은 역시 집사람하고 섭지코지에서 성산일출봉까지 이르는 길다란 해변가를 걷고, 가보지 못했던 관광지를 여행하면서 그동안 고생했던 이야기를 나누면서 서로의 위로와 믿음, 젊은 시절 연애하던 순간들을 회상하면서, 남은 인생 건강하고 행복하게 살기로 마음 먹은 것이었다. 마지막 날, 집사람과 함께 급행버스를 타고 확 트인 제주 한 바퀴를 도는 여행 중 최고였다고 생각된다.

제주에서 보내는 날 중에는 바람이 많이 불고 비오는 날에는 집에서 조용히 독서를 하면서 시간을 내거나, 근처 골프연습장에서 골프치면서 시간을 보냈다. 바쁜 일상생활에 책을 보고 싶어도 시간이 여의치 못했지만, 집에서 가까운 곳에 위치한 한적하고 작은 해안 마을에 있는 성산일출도서관에서 독서하는 재미 역시 머리를 맑게 하면서 성찰하는 계기가 되었다. 더불어 은퇴 후 인생 후반전을 어떻게 보낼 것인가 계획을 세우는 데 큰 도움이 되었다.

마지막 주에는 정리하는 마음으로 제주 21코스 올레길을 신청하였다. 처음 보는 사람들과의 만남으로 대화를 나누었는데 올레길을 걷게 되는 사연이나 이유 등이 제각각 달랐다. 그중에 30대 한 젊은 청년하고 이야기 나누는 과정에서 뜻밖의 사실을 알게 되었다. 자기는 남들이 부러워하는 서울 대기업에 취직하여 열심히 일하면 행복한 줄 알고 지냈지만, 시간이 지날수록 경쟁과 쉴 틈 없이 야근, 동료들과의 관계 등 스트레스를 받아서 건강 상태가 너무 좋지 않은 상태란 의사 말에 곧바로 사직서를 제출하였다고 한다. 제주에서 1년 살기로 지내면서 많은 올레길을 걸으면서 건강이 많이 좋아져서 제주에서 창업 준비할 계획이라고 하였다. 점심시간에 제주 막걸리 한잔에 응원을 보낸 기억이 난다.

12장

은퇴 후

주거 환경

은퇴 후 주거 환경

은퇴하거나 나이가 들면 생활 범위가 집을 중심으로 이루어진다. 그래서 은퇴 후 주거 환경은 우리 노후의 삶에 영향을 주는 매우 중요한 요소이다. 우리나라 대부분 은퇴를 맞이할 때쯤 자녀들도 장성하여 직장생활 등으로 독립하게 되면, 은퇴 후 부부만이 남게 된다. 자녀들과 함께 살 때는 아파트 등 큰 평수가 필요하지만, 은퇴 후 굳이 부부만이 있을 때 주거 공간이 넓을 필요는 없어, 주거 환경에 변화 필요성에 대해 고민하고 있다.

이와 관련하여 『고령화에 따른 은퇴 후 주거요구에 관한 연구(박혜지. 2014)』에 의하면 은퇴 후 이사계획에 대해서는 은퇴 후 현재 생활하고 있는 주택에서 다른 곳으로 "이사 할 계획이 있다"는 응답자의 비율이 80.2%로 이사계획이 없다는 19.8% 응답보다 훨씬 높게 나타났다. 이사계획이 있는 응답자들을 대상으로 이사계획의 시기와 이유를 파악한 결과, 은퇴 후 3년 이내라고 응답한 자가 전체의 70.8%로 은퇴 후 3년 이내에 이사할 계획을 가지고 있었다.

이사계획의 이유로는 새로운 보금자리에서 새로운 삶을 경험해 보기 위해서 계획한다는 응답이 39.3%로 가장 많았고, 고향 가까이에서 노후 생활을 하고 싶어서가 22.4%, 공과금 및 관리비 등 주거비용을 고려해서, 친구 등 지인들과 함께 모여서 생활을 하고 싶어서 등의 순으로 그 이유를 대고 있다.

노후가 행복하려면 어디서 누구와 함께, 어떤 형태의 집에서 사느냐가 중요하다. 노후가 되면 대부분의 생활문화가 대외활동보다는 거주지 중심으로 집에서 보내는 시간이 절대적으로 많아지기 때문이다.

보건복지부의 「2020 노인 실태조사」에 따르면 65세 이상 거주 형태가 부부만 단둘이 사는 단독 가구가 80%에 이르고, 이유로는 자녀들의 독립, 개인 생활 향유, 건강 등의 요인이 많았다. 주거 형태로는 기존에 살고 있는 거주지의 주택에서 그대로 사는 경우, 도심 근교에서 전원생활을 보내기 위해 전원주택으로 이전하는 경우, 자녀들과 가까이 살면서 손주들도 돌보기 위해 왕래하는 경우, 아예 귀농·귀촌하여 사는 경우, 본인들의 기저질환 등을 치료 또는 장래의 갑작스런 질병이 발생할 경우를 대비하여 의료 혜택을 받을 수 있도록 하는 경우 등 여러 가지 사정으로 주거 형태나 환경에 변화에 필요성을 가지고 있다.

거주지 선택 시 고려사항

은퇴 후 거주지 선택 시 고려사항으로는 개인적인 요인으로 건강 상태, 직장과의 거리, 자녀들의 손주 돌봄 등을 위해, 경제적인 요인으로 소득 감소로 주거생활비 절감, 가계부채 및 자녀 결혼자금 마련 등을 위해, 지역 및 환경요인으로 쾌적한 자연환경, 생활 편의시설, 의료시설, 여가활동 등을 위해 고려사항으로 본다.

『고령화에 따른 은퇴 후 주거요구에 관한 연구(박혜지, 2014)』에 의하면 은퇴 후 주거 선택 시 선호 의식 요인으로 경제성, 입지성, 쾌적성을 고려하고 있었다. 입지성 측면에서는 대중교통의 이용 편리성이 12.6%, 문화시설의 이용 편리성이 14.3%, 의료시설의 이용 편리성이 18.2%, 자녀와 가까운 거리가 2.5%를 차지하였다. 다음으로 쾌적성 측면에서는 이웃(지인)과의 관계가 8.5%, 주변 자연환경이 19.9%, 조망권이 5.4%, 일조량(남향)의 정도가 3.3%, 소음의 정도가 3.7%로 나타났다. 마지막으로 경제성 측면에서는 주택의 규모가 4.2%, 주택가격 수준이 5.1%, 관리비 정도가 2.4%로 나타났다.

특히 100세 시대 고령화를 맞이하는 은퇴자들이 거주지를 선정할 때 몇 가지 고려할 사항들이 있다. **첫째, 의료시설이 좋은 종합**

병원 수준의 접근성이 있어야 한다. 노후에는 건강을 아무도 장담할 수가 없다. 나이듦에 따라 신체적 노화로 인한 기능의 약화로 인한 질병, 갑작스런 교통 사고 및 낙상 등 중대한 수술이 필요한 질병이 찾아왔을 때 응급실이 있는 큰 병원으로 가는 것이 무엇보다도 중요하다. 따라서 가까운 거리에 종합병원이 있는지 살펴봐야 한다. **둘째, 공원 등 쾌적한 주변환경이 있어야 한다.** 주변에 공원 등이 잘 조성된 지역이면 건강 관리에 도움이 될 뿐만 아니라 여가 시간을 이용하여 가벼운 운동이나 산책을 할 수가 있다.

따라서 공기가 맑고 주변에 공원이나 산책로가 있고, 조망권과 주변 경관까지 수려하면 금상첨화라 할 수 있다. 자연을 더 많이 접할 수 있으면서 도심으로 접근성이 쉬운 곳이 고려 대상 지역이 될 수 있다. **셋째, 편리한 생활 환경이 갖춰져 있어야 한다.** 노후에는 생활하는 데 필요한 편의 시설이 가까운 곳에 있느냐 하는 것도 중요한 고려 요소이다. 생필품을 구입하는 마트, 은행 그리고 문화 활동을 즐길 수 있는 영화관, 백화점, 책을 보면서 휴식을 취할 수 있는 도서관 등이 고려할 요소이다.

다음은 은퇴 후 거주지 선택 시 고려사항 체크리스트이다.

- [ ] 노후에 안정적으로 장기간 머무를 수 있는가?

- [ ] 부부가 함께 논의하여 만족하게 선택하였는가?

- [ ] 건강관리를 위한 종합병원 등 의료시설이 주변에 있는가?

- [ ] 주변환경이 자연 친화적이면서 도시 진입이 용이한 곳인가?

- [ ] 자녀, 친척, 친구들과 원활한 교류가 가능한가?

- [ ] 경제적 가치로 상승 가능한 지역인가?

- [ ] 재취업 등 경제적 활동이 가능한가?

- [ ] 문화 활동 및 지역 평생학습센터 공부 등 교육이 가능한가?

- [ ] 편리한 교통 및 마트 등 주변 생활 편의시설을 갖추고 있는가?

#3

누구하고 어디에서 살 것인가

　은퇴를 생각하는 사람에게 노후에 어디서 누구하고 살 것인가는 큰 화두다. 사는 곳에 따라 은퇴자의 삶은 전혀 달라질 수 있다. 어디에서 삶의 질을 유지하고 보다 행복한 삶을 모색하며 노후를 보낼 것인지 생각해야 한다. 정답은 없지만 경제적 여건과 건강, 사고방식에 따라 선택은 달라진다. 보건복지부의 「2020년 노인 실태조사」에 따르면 한국 노인의 83.8%가 현재 집에서 계속 거주하기를 원했다. 자기 집에서 최후까지 지내겠다는 바람은 많은 선진국 노인들에게도 확인되는 공통된 현상이다.

　은퇴 후 주거 환경과 거주지 선택 시 고려사항을 마쳤다면 다음은 누구하고 어디에서 살 것인가를 결정해야 한다. 노후를 함께 보낼 사람은 당연히 배우자다. 부부가 함께 살아야 할 집이므로 배우자와 충분한 논의를 거쳐 결정해야 한다. 남편은 한적한 곳에 있는 전원주택을 선호하는 반면, 여자의 경우는 소도시나 시골보다는 대도시에서 살기를 원하기 때문에 갈등이 발생하는 경우도 종종 있다. 따라서 노후에 부부가 서로 의지하며 살아가야 하기 때문에 배우자와 어디에서 살 것인지 거주지를 정할 때는 충분한 소통과 공감을 통해 결정해야 한다.

다음은 자녀 사는 근처에 집을 얻어 사는 경우가 있다. 요즈음은 대부분 맞벌이를 하고 있으므로 손주인 자녀 돌봄을 위해 조부모들이 돌보는 경향이 조금씩 늘어나고 있다. 과거에는 전업주부로서 육아를 책임졌지만, 이제는 누군가에게 맡기거나, 휴직하는 사례가 있는바, 은퇴한 부모 입장에서 자녀들의 경제적 독립과 손주들의 보육 문제를 해결하는 데 힘을 보태고 있는 실정이다.

따라서 손주를 돌보는 것과 자녀들의 직장생활을 위해서라도 거주지를 자녀와 가까운 데 두는 것을 고려해야 한다. 은퇴자들이 연금에 의존하여 살아가기 때문에 경제적 어려움을 대비하기 위해 대도시의 주택을 처분하거나 비용이 저렴한 소도시 주택을 구입하여 이사를 가는 것도 방법이다. 이는 자녀들의 부담을 주지 않기 위함이고, 주택 매각 차액으로 부부만이 여유로운 노후생활을 하는 것도 생각해 볼 수 있다.

13장

웰 에이징

(Well-aging)

품격있는 노후

공자가 쓴 『논어』 위정(爲政)편에 사람의 나이에 따라 가져야 할 마음가짐과 삶의 자세에 대해 설명하고 있다. 여기서 50세는 하늘의 뜻을 아는 지천명(知天命)이다. 그리고 60살을 귀가 순해져 무슨 소리를 듣든지 간에 거슬리지 않게 된다는 이순(耳順)이라고 한다. 70살이 되면 마음이 하고자 하는 바를 따라도 규범에 어긋나지 않는 경지에 이른다 하여 종심(從心)이라고 하였다.

공자의 말처럼 은퇴 후에는 지천명(知天命)과 이순(耳順)의 마음가짐으로 남은 인생을 살아간다면 참으로 행복한 삶이 될 것 같다. 이런 자세로 노후를 살아가는 방식이 바로 "웰 에이징(well-aging)"이다. "품격 있게 늙어가는 것"을 뜻한다. 인생은 두 번 다시는 오지 않는다. 이왕에 인생 후반전에 욕심부리지 말고 멋있게 늙어가면서 아름답고 행복한 노후를 보내는 마음가짐이 제일 중요하다.

미국에서 발행된 『성격과 사회심리학』이라는 학술지에 재미있는 논문 내용을 소개하고자 한다. 제2차 세계대전과 한국전쟁에 참전했던 2,000명의 삶을 22년에 걸쳐 조사해 본 결과, 이들의 행복지수가 65세에 정점에 이르렀으며, 75세까지도 별로 감소하지 않았다고 한다. 도대체 무엇이 사람들을 나이 들수록 행복하게 만들었을까? 답은 나이가 들면서 기대와 욕심이 줄어들기 때문이라는 것이다.

노후에는 권력과 물욕에서 내려놓은 삶과 줄여가는(down sizing) 자세가 필요하다. 젊은 시절에는 성취와 돈을 버는 데 인생의 목표를 두는 시기라면, 은퇴 후 노년에는 인생을 내려놓고 자신을 되돌아보면서 베푸는 마음으로 살아야 한다. 즉 그동안 쌓아놓은 집 안의 물건을 줄이고, 복잡했던 마음의 짐을 풀고, 주변의 어려운 사람이나 가족을 돌보라는 말이다. 이와 같은 마음으로 은퇴 생활을 하게 된다면 스트레스도 줄이고, 건강하고 행복한 노후생활을 맞이할 수 있다.

위에서 언급한 것처럼 행복한 노후 생활을 하려면 과유불급(過猶不及), 돈이나 물욕적인 욕심에서 벗어나야 한다. 수년 전 입적한 법정 스님의 "무소유(無所有)"의 실천이다. 모두 다 버리라는 것이 아니라, 필요한 것만 갖는 것이다. 돈이나 다른 욕심을 가지지 않는다면 마음이 편해진다. 나이가 들수록 노후에 필요한 것은 자신의 분수를 지키는 마음, 즉 안분지족(安分知足)의 삶을 살아야 한다.

#2

고정관념을 버리자

정년퇴직은 회사 규정에 따라 일정한 나이가 되면(55세~65세) 그동안 정든 직장을 떠나야 한다. 퇴직 후에는 고정관념을 바꿔야 할 것은 "나이를 잊어라", "내 영혼의 주인은 남의 것이 아니라 내 것이다", "다 쓰고 죽자"란 말을 하고 싶다. **첫째로 나이는 숫자에 불과하다.** 자신의 마음가짐이나 태도에 달렸다. 소극적인 사람들은 내 나이가 있으니, "난 너무 늙었어", "이제는 쉬어야겠다","새로운 일에 자신이 없어" 등 자신을 너무 과소평가로 인하여 자신감이 없는 상태로 만들고 있다. 그러나 적극적인 사람들에게 퇴직은 제2의 인생을 다시 시작하는 출발선이 되고, 새로운 기회로 만들려고 준비하고 있다.

모든 생물이 변하듯이 인생도 끊임없이 변한다. 따라서 퇴직은 인생의 종착역이 아니라 자신의 발전과 성장을 도모하는 새로운 도전이 기다리고 있다는 것이다. 직장에서 퇴직한 사람들은 갑자기 출근할 곳이 사라진 데 대한 불안감으로 무력해지고, 또 오늘 하루를 어떻게 보내나 하는 고민으로 스트레스를 받는다. 퇴직 후 10~20년을 아무 일도 하지 않고 연금 받고 그저 의미 없는 인생으로 살아갈 것인가? 그러기엔 남아있는 세월이 너무 길다. 일할 수 있다면 뭐든지 시작하라고 권하고 싶다.

둘째로 내 영혼은 내가 주인이다. 그동안 남의 지시를 받고 영혼 없이 수동적인 조연으로 살아왔다면, 퇴직 후에는 내가 총감독이면서 영혼 있는 능동적인 주인공이라는 것을 알아야 한다. 내 인생의 주인은 바로 "나"이고, 내 영혼을 다스리는 선장도 바로 "나"라는 사실을 명심해야 한다. 가보지 않은 길을 가는 것과 경험하지 않은 새로운 인생 여정은 힘들고 고생의 길일 수도 있다.

우리는 끊임없이 변해가면서 성장하고 있다는 사실을 깨달을 필요가 있다. 중요한 것은 자신의 과거를 있는 그대로 인정해야 한다는 점이다. 과거에 사로잡히면 미래로 나아가는 길에 걸림돌이 될 뿐이다. 과거는 과거일 뿐이다. 그것은 다 지나간 일이다. 어떤 과거의 순간도 현재와 미래보다 결코 중요하지 않다.

셋째로 다 쓰고 죽는 것이다. 한국 부모들은 자녀에 대한 무분별한 지원이 문제가 된다. 많은 교육비를 투여한 것도 모자라 자녀가 결혼하면 집 팔고, 대출받아 지원해주는 것을 당연하게 여긴다. 더 심각한 것은 결혼 후에도 사업자금이나 생활비, 교육비 등의 명목으로 손을 벌리는 자녀들이 적지 않다는 점이다. 이렇게 되면 아무리 노후 계획을 탄탄하게 세웠다 해도 무용지물이 된다. 우리 부모들은 돈을 모으고 자식들을 위해 뒷바라지만 해주었지, 자신을 위해 못 쓰고 돌아가는 분들이 많았다. 벌기만 했지 어떻게 쓸지 모르고, 오직 자식들만을 위해서 희생하였다. KBS 아침마당에서 방송되었던 한 노후 재무설계 전문가이신 한 패널의 부친 유서 내용을 소개하고자 한다.

"돈 한번 넉넉히 써보지 못하고 가보고 싶은 곳도 한 번 못 가고 이 모양 이 꼴이 되어버렸구나. 너무나도 안타깝고 분하다." 부모의 마음은 모두 비슷하지만, 이제부터라도 자식도 중요하지만, 내 자신이 더 중요함을 인정하여 나를 행복하게 하는 것이 무엇인지 깨닫고 실천해야 한다.

죽을 때 후회하는 것

일본 호스피스 전문의인 오츠 슈이치(Otsu Shuichi)는 말기환자들이 겪고 있는 고통을 덜어주는 병상에서 죽어가는 환자들과 마지막 대화를 나누면서 그들이 죽음의 문턱에서 남긴 말들을 정리하여 책으로 발간한 바 있다. 일본과 한국에서 100만 권 넘게 팔려나간 이 베스트셀러의 제목은 『죽을 때 후회하는 스물다섯 가지』다.

오츠 슈이치의 말처럼, "인간은 후회를 먹고 사는 생물"이다. 모두들 열심히 살아보려고 노력하지만, 실수가 너무 많고 경우에 따라 자신의 잘못 때문에 남에게 피해를 끼치기도 한다. 그래서 항상 겨우겨우 살아가는 자신에게 후회만 하게 된다. 은퇴 후 남은 인생에서 후회를 조금이라도 줄여보려면 지금부터라도 노력을 해야한다.

"진짜 하고 싶은 일을 하면서 꿈을 위해 노력했더라면, 평소 여가생활을 즐기면서 가보고 싶은 곳으로 여행을 떠났더라면, 사랑하는 가족과 친구들에게 나의 마음을 글이나 말로 표현했더라면, 좀 더 겸손하게 인생을 살았더라면, 건강을 소중하게 여겼더라면 등…"

위에서 언급한 것처럼, 말기 환자들이 말하는 인생의 후회 거리는 우리가 당장 실천에 옮길 수 있는 작은 행동들이다. 죽을 때에 이런 후회를 앞둔 환자들이 토로한 '후회하는 스물다섯 가지 잘못' 은 다음과 같다.

첫 번째 : 사랑하는 사람에게 고맙다는 말을 했더라면

두 번째 : 진짜 하고 싶은 일을 했더라면

세 번째 : 조금만 더 겸손했더라면

네 번째 : 친절을 베풀었더라면

다섯 번째 : 나쁜 짓을 하지 않았더라면

여섯 번째 : 꿈을 꾸고 그 꿈을 이루려고 노력했더라면

일곱 번째 : 감정에 휘둘리지 않았더라면

여덟 번째 : 만나고 싶은 사람을 만났더라면

아홉 번째 : 기억에 남는 연애를 했더라면

열 번째 : 죽도록 일만 하지 않았더라면

열한 번째 : 가고 싶은 곳으로 여행을 떠났더라면

열두 번째 : 내가 살아온 증거를 남겨두었더라면

열세 번째 : 삶과 죽음의 의미를 진지하게 생각했더라면

열네 번째 : 고향을 찾아가 보았더라면

열다섯 번째 : 맛있는 음식을 많이 맛보았더라면

열여섯 번째 : 결혼을 했더라면

열일곱 번째 : 자식이 있었더라면

열여덟 번째 : 자식을 혼인시켰더라면

열아홉 번째 : 유산을 미리 염두에 두었더라면

스무 번째 : 내 장례식을 생각했더라면

스물한 번째 : 건강을 소중히 여겼더라면

스물두 번째 : 좀 더 담배를 일찍 끊었더라면

스물세 번째 : 건강할 때 마지막 의사를 밝혔더라면

스물네 번째 : 치료의 의미를 진지하게 생각했더라면

스물다섯 번째 : 신의 가르침을 알았더라면

사람은 죽을 때에 가장 솔직해지고 진실한 마음을 갖는다고 한다. 병실에서 마지막 삶을 정리하는 암 환자들이 마음속으로부터 절절히 토로하는 인생의 아쉬움과 회한은 인생 후반전에 돌입하는 은퇴하는 많은 사람들에게 전하는 교훈이자 신선한 메시지이다.

#4

아름다운 삶의 정리

사람은 누구나 오래 살고 싶어 하며, 죽음을 두려워하기 때문에 이 세상과 이별하고 싶지 않을 것이다. 그러나 언젠가는 죽음에 직면하게 된다. 그래서 독일의 실존주의 철학자 하이데거(Heidegger)는 일찍이 "인간은 태어나자마자 죽음을 향해 가는 존재"라고 말했다. 그럼에도 불구하고 나이를 먹음에 따라 죽음이라는 단어를 사람들은 말을 하거나 생각하기를 꺼려한다. 특히 암이나 중병에 걸려 병실에 누워있는 환자 앞에서는 더욱 조심해야 한다.

필자는 최근에 「엔딩 노트, Ending note」라는 일본 다큐멘터리 영화를 보았다. 주인공 스나다 도모아키 씨의 인생 마지막 프로젝트를 다큐멘터리로 제작한 영화다. 영화 속에서, 40여 년에 걸친 샐러리맨 인생을 마치고 퇴직한 남자 주인공은 은퇴를 계기로 제2의 인생을 준비하려 한다. 그러나 우연히 받은 건강 검진에서 암 선고를 받게 되고 충격에 빠진다. 그때 그는 얼마 남지 않은 인생의 마지막 시간 동안 가족을 위해 무엇을 할 수 있을까 고민하면서 자신의 엔딩 노트를 쓰는 장면이 나온다.

이 영화 상영 이후 일본에서 엔딩노트 쓰기가 크게 유행했는데, 엔딩 노트란 한마디로 말해 죽기 직전에 자기가 해야 될 일을 적은 노트를 말한다. 가족들에게 좋은 추억을 남겨주기 위해 무슨 일을 하고, 앞으로도 오랫동안 살아가야 할 가족들의 재정적 뒷받침을 어떻게 할 것이며, 또 친구들과는 어떻게 작별할 것인가를 써보는 것이다. 이런 점에서 엔딩 노트는 죽기 전에 하고 싶은 일들의 목록을 적어보는 '버킷리스트'와도 비슷하다. 그가 쓴 엔딩 노트는 1. 평생 믿어보지 않은 신 믿어보기 2. 손녀들 머슴노릇 실컷 해주기 3. 평생 찍어주지 않았던 야당에 표 찍어주기 4. 꼼꼼하게 장례식 초청자 명단 작성하기 5. 소홀했던 가족과 행복한 여행하기 6. 빈틈이 없는지 장례식장(성당) 사전 답사하기 7. 손녀들과 한 번 더 힘껏 놀기 8. 손녀에게 작별인사, 어머니께 전화(작별인사), 친구와 담소하기 9. 이왕 믿은 신에게 세례받기 10. 쑥스럽지만 아내에게 사랑한다 말하기 였다.

엔딩 노트와 버킷 리스트 작성은 자신의 죽음을 후회없이 보내는 약속이고, 본인과 가족들에게 좋은 추억을 남기도록 한다는 점에서 인생의 마무리 차원에서 한번 정리해 볼 가치가 있다고 본다.

통계청의 2020년 생명표에 따르면 한국인의 평균 기대 수명은 현재 83.5세이다. 남자가 80.5살, 여자가 86.5살로 남녀 간 6년 차이가 난다. 앞으로 30년 이후를 보면, 사고나 질병이 없다면 기대 수명이 100세까지 늘어날 것으로 내다보고 있다. 우리가 은퇴 이후에는 젊을 때와는 달리 자연스런 노화로 여러 질병에 많이 노출되어 있고, 인간의 수명은 한계가 있기 때문에 아름다운 인생을 마무리하는 차원과 남아 있는 가족들의 혼란과 고생을 덜어주기 위해서라도 적절한 시기에 유산으로 남겨줄 재산 등에 대해 정리해 두어야 한다. 필요하면 전문가인 변호사나 세무사의 도움을 받아 처리하면 더욱 명확해질 수 있다. 필자의 가족이나 지인들의 안타까운 사연을 보면, 인생의 삶 정리가 제대로 안 된 상태에서 갑자기 운명을 하게 되는 사례를 보았다. 결국 남아 있는 가족들의 고통과 혼란을 가중시키고 있었고, 장례 절차 및 재산 정리 등 수습하는 데 많은 시간과 노력이 들어가고 있었다.

『나는 품위 있게 죽고 싶다(저자 윤영호)』 책에서 이렇게 말했다.

"내 운명은 내가 결정한다. 죽음에 대한 생각과 대화는 우리의 삶을 변화시키는 좋은 기회가 된다. 운명을 바꾸는 시작이 될 수 있다. 삶의 완성을 하는 그날을 위해 지금 시작해야 한다. 이 시작이 나를 변화시켜 죽음을 맞이할 때까지의 운명을 바꿔놓을 것이다. 결국 모든 인간이 향하는 마지막은 죽음이다. 잘 살아야 잘 죽을 수 있다. 잘 죽으려면 잘 살아야 한다. 잘 살아서 죽음의 순간에 삶을 완성해 내 삶을 다른 사람들의 마음속에 전설로 남겨야 한다. 살아갈 희망과 용기가 될 수 있도록 말이다."

보건복지부, 한국보건사회연구원의 2020년도 「노인실태조사」 보고서 내용 중 '좋은 죽음'이란 가족이나 지인에게 부담을 주지 않는 죽음이 90.6%로 가장 많았고, 이어서 신체적·정신적 고통 없는 죽음이 90.5%, 스스로 정리하는 임종이 89.0%, 가족과 함께 임종을 맞이하는 것이 86.9% 순이었다. 좋은 죽음을 위해 노인들의 85.6%는 무의미한 연명 치료는 반대하고 있었다. 죽음에 대한 준비는 수의, 묘지, 상조회 가입 등의 장례 준비 79.6%, 자기결정권에 따른 죽음에 대한 준비 27.4%, 상속처리 논의 12.4%, 사전 연명의료 의향서 작성 4.2%, 유서 작성 4.2%, 장기기증 서약 3.4%의 순이었다.

이제 우리는 아름다운 삶을 정리하기 위해서 어떻게 해야 하는지 한 번쯤 생각할 필요가 있다. 주변의 사랑하는 가족이나 친지, 특히 부모님이 갑자기 사망했을 경우에 사전에 대비가 없으면 남아 있는 가족은 혼란스런 상황에 직면하게 된다. 하지만 위 조사 결과에서 보았듯이 사전 준비가 매우 안 되고 있다는 것이 현실이다. 살아 있을 때 잘 사는 것도 중요하지만 마지막으로 인생을 아름답게 떠나는 뒷모습도 매우 중요하기 때문에 삶의 마무리에 대한 적절한 준비도 노후 설계에서 빼놓아 서는 안될 요소이다. 본인의 삶도 아름답게 마무리할 뿐만 아니라 사랑하는 가족에게 정신적·물질적 유산을 잘 남기는 것도 중요하다.

5

아모르파티(amor fati)
& 메멘토 모리(memento mori)

아모르 파티(amor fati)의 사전적 개념은 "자신의 운명을 사랑하라"는 의미로, 인간이 가져야 할 삶의 태도를 설명하는 프리드리히 니체의 용어이다. 운명애(運命愛)라고도 한다. 니체에 따르면 삶이 만족스럽지 않거나 힘들더라도 자신의 운명을 받아들여야 한다. 그러나 운명을 받아들인다는 것은 자신에게 주어지는 고난과 어려움 등에 굴복하거나 체념하는 것과 수동적인 삶의 태도를 의미하지 않는다. 니체가 말하는 '아모르 파티' 즉 '운명애(運命愛)'는 자신의 삶에서 일어나는 고난과 어려움까지도 받아들이는 적극적인 방식의 삶의 태도를 의미한다. 즉 부정적인 것을 긍정적인 것으로 가치 전환하여, 자신의 삶을 긍정하고, 그에 대한 책임을 요구하는 것이다. 요즈음 유행하는 아모르 파티 노래 한 구절을 인용한다.

"산다는 게 다 그런 거지 누구나 빈손으로 와 소설 같은 한 편의 얘기들을 세상에 뿌리며 살지. 자신에게 실망하지 마 모든 걸 잘할 순 없어 오늘보다 더 나은 내일이면 돼 인생은 지금이야"

사람마다 살아온 삶의 방식이 다르듯이 은퇴자들도 각자의 방법대로 모두 다르게 살고 있다. 어떤 은퇴자들은 정신적으로 권태를 느끼고 살아가고 있고, 어떤 은퇴자는 육체적으로 활동적으로 살고 있다. 또 어떤 은퇴자는 덧없이 세월을 보내고 있는가 하면, 다른 은퇴자는 은퇴 이후의 삶을 의미 있게 가꾸며 행복하게 살아가고 있다. 은퇴 후의 행복은 스스로 행복하려는 의지가 있느냐 없느냐에 달려 있다. 또한 자신을 사랑하고 원하는 삶을 사는 사람에게는 행복이 찾아오고, 반대로 자신을 사랑하지 않고 원하지 않는 삶을 사는 사람은 행복이 비켜 간다.

행복해지기 위해서는 자신에게 무엇이 중요한지 알아야 한다. 은퇴자는 자신에게 집중할 시기이다. 자신의 운명을 사랑하고 존재의 소중함을 깨닫기 위한 신이 내린 축복의 시간일 수 있다. 직장에선 자신보다 직장 일을 우선 순위에 두어서 스스로를 돌아볼 기회도 없이 쳇바퀴처럼 굴러오지 않았는가? 은퇴자들에게 과거는 추억이고 지나간 일 뿐이다. 남은 인생을 새로운 꿈을 이루는 데 시간과 노력을 투자해야 한다. 후회없는 남은 삶을 보내기 위해서는 자신의 타고난 운명을 사랑하고 새로운 것을 보고, 새로운 것을 느끼고, 새로운 삶을 시작해야 한다. 이를 위해 자신의 태도와 마음먹기에 달려 있다는 것을 알아야 한다.

메멘토 모리(memento mori)는 "자신의 죽음을 기억하라"를 뜻하는 말이다. 즉 죽음을 생각하라는 의미다. 옛날 로마에서는 원정에서 승리를 거두고 개선하는 장군이 시가 행진을 할 때 노예를 시켜 행렬 뒤에서 큰소리로 외치게 했다고 한다. "메멘토 모리!(Memento Mori!)

라틴어로 '죽음을 기억하라'는 뜻인데, 전쟁에서 승리했다고 너무 우쭐대지 말라. 오늘은 개선 장군이지만 너도 언젠가는 죽는다. 그러니 겸손하게 행동하라 이런 의미에서 생겨난 풍습이라고 한다.

인간은 자신의 죽음을 지레 내다봄으로써 죽음을 사유하고, 그럼으로써 항시 죽음을 자신 속에 간직하고, 드디어는 죽음과 함께 살아가는 것이다. 죽음과 함께 살아가지 않는 삶은 있을 수 없다. 적어도 인간에게는 이 말은 변함없는 사실이다. 사람들은 나이 듦에 따라 철들면서, 사람은 죽음을 사유하면서 살아간다. 사람은 지위 고하에 관계없이, 빈부귀천을 막론하고 인생의 앞에는 최종 목적지인 '죽음'이 기다리고 있다. 누구는 부(富)를 축적하는 것으로, 누구는 권력을 누리는 것으로, 누구는 이름을 알리는 것으로 성공했다고 말한다. 하지만 제아무리 엄청난 부와 명예와 권력을 가졌던 사람일지라도 죽을 때는 보통 사람들과 다를 바 없다. 역사를 뒤흔들었던 제왕들도, 굴지의 기업을 이끌며 부를 거머쥐었던 기업가들도 살아생전 소유하던 것을 가지고 가지 못했다. 태어날 때 빈손으로 왔듯이 빈손으로 간다는 말이다. 한평생 쌓아온 공을 영원히 가지지 못하는 것은 불변이요 불가항력적인 법칙이다. 우리는 대부분 죽음을 막연하게 생각하다 어느 시점에 이르면 누구보다 소중하고 그 무엇으로도 대체할 수 없는 나 자신이 죽을 거라는 사실을 깨닫게 된다. 육체가 언젠가 소멸한다는 걸 알면, 이 세상을 떠나야 한다는 것을 알고 나면 우리는 달라진다. 그러므로 생각만 해도 섬뜩하지만 순식간에 스쳐 지나는 이런 깨달음이 우리 삶을 변화시킨다.

메멘토 모리(memento mori)란 단어를 생각하면, 은퇴자들에게 남은 인생을 어떻게 살아가야 할지 방향을 설정하는 데 주저할 시간이 없다고 본다. 그동안 열심히 살아왔지만 앞으로는 더 열심히 살아야 한다. 만약 갑자기 죽는다고 생각하면 어떤 마음이 들까? 그래서 인생 후반전의 삶에 대한 인식과 태도가 달라져야 한다. 생은 오직 한 번뿐이다. 죽음은 신이 인간에게 안겨준 선물일지도 모른다. 그래서 오늘 현재(present)가 선물(present)이기 때문에 감사해야 하고 성실해야 하고 진지해야 하는 삶을 살아가야 하는 이유다.

14장

내 인생을
바꾸는 힘

사람이 운명이다

인간에게 타고난 운명이라는 것이 존재하는 걸까? 누구나 자기 인생에 대한 운명을 철학관이나 주역학자들에게 묻거나 사주팔자에 대해 궁금해하거나 재미로 한 번쯤은 보았을 것으로 본다. 흔히 말하는 운명이나 사주팔자 혹은 주역을 통해 자신의 행운과 불행, 미래에 대한 불확실성을 알아보기 위해 유명한 철학관을 찾는 사람들이 많다. 본 내용은 필자가 『사람이 운명이다(저자 김승호)』책을 읽고 매우 공감하였기에, 은퇴자들이나 자녀들에게 도움이 될 것 같아 일부 소개하고자 한다. 사람은 살아가면서 또는 사회생활에서 누구를 만나고, 어떻게 대하느냐에 따라 자신의 운명도 바뀔 수 있고, 도움이 될 수 있다는 것이다. 인생을 살아감에 있어 그 누구도 "운"을 배제할 수 없다는 것이다. 천지 대자연의 현상은 인간에 이르러 "운"이라는 보이지 않는 힘으로 영향을 준다. 사실 인간의 능력과 상관없이 운이 좋고 나쁨에 따라 행불행이 결정되는 일이 허다하다. 다 된 일이 어이없는 이유로 틀어지는 경우가 있다. 반대로 별로 힘들이지 않았는데 행운이 찾아와 소위 대박이 나는 경우도 있다.

이처럼 운이라는 것은 우리의 현실에 밀접하게 관계되어 있다.

운이 좋은 사람은 분명 살아가는 것이 훨씬 쉽다. 모든 일이 막힘 없이 척척 풀려나가기 때문이다. 반면 운이 나쁜 사람은 아무리 노력하고 애써도 결국 나쁜 쪽으로 끝이 난다.

인생의 길흉화복은 만나는 사람으로부터 시작된다. 누구를 만나고, 어떻게 대하느냐에 따라 당신의 운도, 운명도 바뀐다. 사람을 잘 사귀어두면 분명 인생에 도움이 된다. 그런데 아무나 만나서는 안 되고 쓸 만한 사람을 만나고 사귀어야 한다. 문제는 쓸 만한 사람이 어떤 사람인지를 판단하는 것이 쉽지 않다는 것이다. 돈과 권력이 있는 사람에게 접근해야 할 것인가, 아니면 인격자를 가까이 해야 할 것인가? 예로부터 사람을 가려서 사귀어야 한다는 말이 있었지만 뚜렷하게 어떤 사람을 사귀라는 것인지 지칭하지 않았다. 공자는 이렇게 말했다.

"말할 사람과 말을 하지 않는 것은 사람을 잃어버리는 것이요, 말하지 않을 사람과 말을 하는 것은 말을 잃어버리는 것이다. 군자는 사람도 말도 잃지 않는다." 공자님 말씀에서 알 수 있는 것은 '필요 없는 사람과 친밀하지 말라!'인데, 필요 없는 사람이란 돈 없는 사람을 일컫는 것은 분명 아닐 것이다. '말해야 할 사람과 말하라'는 것은 쓸모 있는 사람과 말하라는 것이지만, 쓸모 있는 사람이 힘 있는 사람은 확실히 아니다. 그렇다면 도대체 누구와 말을 하라는, 즉, 사귀라는 것인가? 일견 어려운 문제 같다. 하지만 잠깐 생각해보면 이러한 지침의 속뜻을 알 수 있다.

우선 말을 하지 않아야 할 사람은 누굴까? 비록 힘과 권력이 있는 사람이라 할지라도, 인간 됨됨이에 문제가 있고 싸가지가 없다면 상종하지 말라는 것이다. 왜냐? 그런 사람이 남을 도울 리 없고, 도와준다 하더라도 그의 도움을 받은 사람은 값비싼 대가를 치러야 할 것이다. 또한 그런 사람 가까이에 있으면 나까지 덩달아 나쁜 놈이 되기 때문이다.

그런데 세상에는 비인격자이면서도 소위 성공한 사람이 너무나 많다. 이상한가? 그렇지 않다. 나쁜 사람이라도 성공한 사람을 유심히 살펴보면 그럴 만한 장점이 분명히 있다. 예를 들어 그가 복이 많은 사람이라면 우리는 그 점을 존중해야 한다. 복 있는 사람을 존중하면 우리도 복을 받게 되어 있다. 왜냐하면 그는 우리가 모르는 어떤 면에서 겸허한 사람으로서 그만큼 복 받을 자격이 있기 때문이다.

「삼국지 三國志」에 이런 말이 있다. "용감한 장수는 지혜로운 장수만 못하고, 지혜로운 장수는 인격 있는 장수만 못하며, 인격 있는 장수는 복 있는 장수만 못하다." 여기서 결론은, 복 있는 사람이다. 복 있는 사람은 귀한 사람이라고 해석해도 된다. 반대로 복 없는 사람은 천박한 사람이다. 재수없는 사람이라고 해도 된다. 귀한 사람이란 지위가 높은 사람이나 부유한 사람도 해당되겠지만, 인격이 고매한 사람, 복이 많은 사람, 장점이 많은 사람도 해당되는 것이다. 또한 천박하고 재수 없는 사람이란 가난하고 힘없는 사람이 아니다. 곧 망해도 이상하지 않을 정도로 행실이 나쁜 사람, 사기꾼, 도적놈, 교양 없는 인간 등이다.

그러나 일단 사람을 만나면 그가 누구든 긍정적으로 바라봐야 한다. 그리고 나서 그중에서 쓸모없는 놈(돈이 많고 적음으로 따지지 말라)에게는 가급적 말을 적게 해서 사귀게 될 수도 있는 상황을 미연에 방지해야 할 것이고, 쓸모 있는 분(인격도 포함해서)을 만나면 말을 건네서 사귀게 될 가능성을 높여야 한다. 하지만 지나치게 사람을 차별하면 나 자신이 얌체 같은 사람이 되므로 귀인으로부터 버림받게 된다.

인간관계는 인생의 외교다. 그러니 시간과 에너지를 많이 투자해야 한다. 비록 엄마나 아내가 일찍 들어오라고 잔소리를 해도 귀인을 만날 기회가 생기면 그것을 놓쳐서는 안 된다. 말해야 할 사람과 말할 수 있는 소중한 기회를 버리는 것이 된다.

누구를 사귈 것인가는 대충 밝혀졌다. 사람은 당연히 현실에 충실해야 하지만 그에 못지않게 중요한 것은 끊임없이 귀한 사람을 찾아나서는 것이다. 물론 그 전에 이미 알고 있는 사람에게도 내 모습을 귀하게 보여주어야 한다. 즉, 가는 곳마다 귀인을 만나고 나 자신도 항상 귀하게 보이도록 노력해야 한다는 것이다. 그러기 위해서는 실제로 나 자신이 귀한 사람이 되어야 한다.

인간관계란 멀리 보고 경건한 마음으로 최선을 다해야 한다. 혼자 있을 때는 반성하고, 나 자신의 인격을 높이기 위해 부단히 노력해야 한다. 사람을 잘 사귀는 것은 그 사람으로부터 당장 이득을 보기 위함이 아니다. 오히려 누구를 만나든 그를 존경하고 받들고 베풀어야 한다.

물론 그 전에 그럴 만한 사람을 발견하는 능력을 먼저 갖추어야 할 것이다. 이른바 '사람 보는 눈'이다. 그리고 귀한 사람을 봤다면 반드시 그에 걸맞는 외교력을 발휘해야 한다.

운이 따르는 사람들의 생활 습관

세상에 운이라는 것이 정말 작용되는 것일까? 운이라는 것은 타고나는 것인지, 아니면 만들어가는 것인지 의문을 갖고 살고 있었다. 어떤 사람들에게 좋은 운이 따르고, 하는 일마다 잘 풀리는가 하면, 어떤 사람들에게는 하는 일마다 잘 풀리지 않고, 꼬여서 운이 따르지 않는 것일까? 이것이 궁금하다. 예를 들어 공무원이 되기 위해 어려운 고시를 합격한 사람이나, 소위 명문대학이라고 말하는 서울대학교에 입학한 학생, 그리고 올림픽 같은 국제대회에서 금메달을 딴 선수, 복권에 당첨된 사람들의 인터뷰 내용을 들어보면 그동안 많은 노력을 통하여 얻어진 결과이기도 하지만, 대부분 운이 좋았다고 이야기를 하고 있는 것을 많이 보았다.

본 내용은 필자가 『뭘 해도 운이 따르는 사람들의 10가지 습관(저자 우에니시 아키라, 박재영 옮김)』 책을 읽고 매우 공감하는 내용이라 생각하여 은퇴자들이나 그의 자녀들에게 운이 따르는 10가지의 말하는 태도나 습관의 변화를 통해 자신의 인생에 적용할 수 있을 것 같아 일부 내용을 소개한다.

첫째, 운은 내가 결정한다. 운을 끌어당기려면 자신을 반드시 좋아해야 한다. 마음속으로 내 자신이 싫다고 생각하면 꿈을 이루려고 아무리 노력해도, 아무리 적극적으로 행동해도 좀처럼 긍정적인 감정이 들지 않는다. 나는 세상에 하나뿐인 가장 특별한 존재로, 나로 태어나서 정말 다행이야 라는 자신감을 갖는 것이 운을 얻기 위한 첫걸음이다.

둘째, 운이 좋은 척하면 운이 진짜 좋아진다. 좋은 일을 생각하면 좋은 일이 일어나고, 나쁜 일을 생각하면 나쁜 일이 일어난다. 이 말은 미국에서 활동한 목사이자 활동가인 조셉 머피(Joseph Murphy)의 말이다. 무슨 일을 하더라도 '나는 못 해'라고 생각하면 할 수 없고, '반드시 할 수 있어'라고 믿으면, 즉 정말로 할 수 있다는 믿음이 있으면 신기하게도 매사가 확신으로 바뀐다는 것이다. 세상에는 운이 나쁜 사람은 없다. 머리가 좋아서, 외모가 뛰어나서, 집이 부자여서 좋은 운이 따르는 것은 아니다. 좋은 운의 조건이나 자격 따위는 세상에 없다. 누구든지 운을 만날 수 있다는 뜻이다. '나는 반드시 좋은 운을 얻을 수 있다'라고 믿는 마음가짐이 운을 부르고 행복을 만든다.

셋째, 모든 말에 운의 씨앗이 숨어있다. 말이 달라지면 마음도 달라지고 운을 끌어당기는 힘이 강해진다. 분위기에 휩쓸려 험담에 동참하지 않아야 하며, 대화의 시작은 가볍고 즐겁게, 그리고 의도적으로 긍정적인 화젯거리로 삼으면 서로가 긍정적인 마음을 부른다. 잘난 척은 인간관계의 독이다. 정말 뛰어난 장점과 매력이라면 굳이 드러내지 않아도 자연스럽게 빛난다. 한 번 내뱉은 말은 취소

하기 어려우니 항상 신중해야 한다. 혹시 자신이 잘못이 있다면 진심을 담아서 '미안합니다' '죄송합니다' 하고 끝내야 한다. 사과의 말 뒤에 변명을 늘어놓으면 사죄의 마음이 퇴색한다.

넷째, 부정적인 생각은 찾아오는 운도 막는다. 어쩔 수 없는 상황에 처했다면 상황을 받아들이고 긍정적인 생각으로 기분을 다스려야 한다. 실패는 공부이다. 실패해서 성공하는 법을 찾으면 실패를 디딤돌 삼아 좋은 운에 다가갈 수 있다. 그리고 원래 인생은 뜻대로 되지 않는다. 때로는 뜻대로 되지 않아야 좋은 경우도 있다. 불교에서는 모든 괴로움과 슬픔은 '자신이 집착한 일'이 원인이 되어 일어난다고 여긴다. 따라서 인생에는 어쩔 수 없는 일이 있으니 단호하게 포기하는 용기도 필요하다.

다섯째, 꿈이 있는 사람에게 운이 함께한다. 꿈과 소망을 가지면 마음 속에 긍정의 에너지가 솟아나고, 마음에는 기대와 꿈을 현실로 끌어당기는 자석 같은 힘이 생긴다. 꿈을 찾았다면 최대한 구체적인 목표를 세워야 한다. 명확한 목표를 세우는 것은 인생의 내비게이션에 목적지를 입력하는 것과 같다.

여섯째, 아무것도 하지 않으면 아무것도 일어나지 않는다. 운이 좋아지고 싶으면 일단 한다. 새로운 일을 시작하려면 누구든 용기가 필요하다. 과감히 행동하지 않으면 오늘도 내일도 아무런 변화가 없다. 누구나 순간적으로 찾아온 기회를 확실히 붙잡아야 한다. 우리 인생에는 다양한 기회가 온다. 그러나 인생의 흐름을 좋은 방향으로 바꿀만한 '절호의 기회'는 손가락에 꼽을 수 있을 정도로만 찾아온다. 기회는 기다려 주지 않으니 기회를 잡으려면 행동해야 한다. 그리고 운을 끌어당기려면 때로는 내키지 않거나 못하는 일도 해야 한다. 용기를 내어 행동하면 뜻밖의 운을 만날 수 있다.

일곱째, 운은 사람을 타고 온다. 주위 사람들에게 호감을 얻으려면 다른 사람을 소중히 여겨야 한다. 다른 사람을 소중히 여기면 자신도 소중히 여겨져서 좋은 운이 알아서 찾아온다. 이와 관련하여 약속을 지키는 것은 인간관계를 유지하는 기본 중의 기본이다. 사소한 약속을 지키는 것은 상대방을 존중하고 소중히 여긴다는 메시지를 전하는 것과 같다. 분노는 다른 사람의 마음에 상처를 주는 에너지다. 또한 자신의 생각을 너무 솔직하게 드러내면 평판이 안 좋아질 수 있으므로 상대방을 배려하기 위하여 때로는 다정한 거짓말도 필요하다. 그리고 양보할 줄 아는 미덕이 좋은 인간관계를 이끌고, 상대방의 가치관을 인정하는 것은 그 사람 자체를 인정하는 것과 같다. 따라서 싫어하는 사람을 좋아할 수는 없더라도 덜 싫어하도록 노력하는 것만으로도 가치 있는 일이다.

여덟째, 일상 속 작은 운을 발견한다. 자신의 몸과 마음을 쉬게 하기 위한 시간은 그 무엇보다 효과가 좋은 명약이다. 휴식으로 긍정에너지가 쌓이면 운을 끌어당기는 힘도 다시 생겨난다. 마음이 편안해지는 나만의 장소에서 휴식을 취하면 긍정의 마음도 곧 회복된다. 재능이나 의욕이 아무리 넘쳐도 건강이 좋지 않으면 가지고 있는 힘을 발휘할 수 없다. 따라서 건강은 운을 끌어당기기 위한 최우선 조건이다. 어느 누구도 미래를 예측할 수 없다. 일어나지도 않은 미래를 떠올리며 걱정하거나 고민해봐야 아무 소용 없다. 따라서 일어나지도 않는 미래의 일을 전전긍긍하면서 걱정하는 것만큼 어리석은 일도 없다.

아홉째, 남을 위하는 마음이 운이 되어 나에게 돌아온다. 다른 사람에게 기쁨을 주고, 봉사하는 행동과 사랑은 주는 만큼 나 자신에게 돌아온다. 또한 남을 위해 행동하면 감사의 마음과 운을 끌어당기는 에너지를 얻는다. 포드는 "남에게 베푸는 행위는 단기적으로는 손해지만 장기적으로는 이익이 된다"라는 말을 믿었다. 그리고 자신이 잘하는 일로 다른 사람에게 도움을 베풀면 크게 힘들이지 않고도 행복을 나눌 수 있다. 아울러 운을 나누면 지나치게 커진 운이 균형을 잡아 불행을 막아준다.

마지막으로 웃음과 운은 전염된다. 가벼운 칭찬이 상대를 춤추게 한다. 즉 상대방의 자기 중요성을 충족시켜주면 칭찬을 받은 사람이나 한 사람 모두 행복해진다. 또한 사람 누구에게나 장점은 있다. 독일의 대문호 괴테는 "남의 좋은 점을 발견할 줄 알아야 한다. 그리고 남을 칭찬할 줄도 알아야 한다. 그것은 남을 자기와 동등한 인격으로 생각한다는 의미를 갖는 것이다."라는 말을 남겼다. 따라서 다른 사람을 기꺼이 칭찬할 수 있는 사람이야말로 자존감이 높은 사람이다. 반대로 분노는 부정적인 에너지만 가득 채울 뿐 아니라 주위 사람들에게도 부정적인 영향을 미치면서 불운만 끌어올 뿐이다. 그리고 남의 꽃밭을 망치지 않는다. 남의 행복을 진심으로 축복해주는 사람에게 운이 찾아온다.

나를 바꾸는 마지막 용기

원제는 『HOW WE CHANGE(저자 로스 엘런혼)』로 번역서로는 『나를 바꾸는 마지막 용기(유지연 옮김)』란 책이다. 필자는 이 책을 읽고 공감하는 부분이 있어 내용의 일부를 소개하고자 한다. 사람들이 왜 변하지 않으려고 하는지, 변해야 하는 이유를 잘 모르는 경우가 많다. 지금 당신이 변화를 원하고 있는 것은, 변화하기만 하면 모든 것이 잘되리라 믿기 때문이다. 아마 지금보다 훨씬 잘나가고 행복하고 성공한 삶을 살 것이다. 하지만 계획을 세우지만 그 계획을 꾸준히 실천하지 못했고, 상황을 반전시킬 만한 획기적인 돌파구가 없다. 당신은 변화를 간절히 바라지만 그것으로 끝이다.

모든 변화에는 용기가 필요하다. 변화는 양립적이다. 당신은 당신의 선택에 책임이 있는 동시에 상황에 제한을 받는다. 당신은 자유롭게 자기 자신이 될 수 있는 동시에 도덕과 이타심, 사랑의 요구에 제한 받는다. 당신은 당신에게 일어나는 일을 어떻게 경험하고 싶은지 결정하는 동시에 당신이 통제할 수 없는 알 수 없는 미래에 큰 제약을 받는다. 당신은 당신에게 행해진 것으로 뭔가를 자유롭게 하는 동시에 트라우마의 영향에서는 절대로 자유롭지 않다. 당신은 말로 표현할 수 없는 고난 앞에서도 절대로 항복하지 않는 놀

라운 회복력을 지닌 동시에 실망이 조금만 건드려도 희망과 믿음이 먼지로 사라질 만큼 취약하다.

이 모든 양립성은 인간의 본질을 규정할 때 가장 두드러지게 나타나는 한 가지 특성에서 비롯된다. 바로 당신이 어떻게 성장하고 변화하는지는 당신이 결정한다는 것이다. 당신은 인생이 촉발한, 불안을 일으키는 의사결정에 직면해 앞으로 나아가기 위해 적절한 사회적 자원을 필요로 하는 동시에 언제나 자기 자신의 모습을 바라보면서 짧은 기간 동안 삶을 의미 있고 훌륭하게 만들고자 길을 열어간다.

당신이 한 인간으로 성장하는 것은 언제나 당신이 내린 결정과 그 결정에 전념하고 끝까지 실행할 용기의 결과물이다.

첫 단어를 말하는 것은 용기가 필요하다. 첫 걸음을 내딛는 것은 용기가 필요하다. 학교에 입학하는 것은 용기가 필요하다. 친구를 사귀는 것 역시 용기가 필요하다. 집을 떠나는 것은 용기가 필요하다. 직장을 얻는 것은 용기가 필요하다. 배우자를 찾는 것은 용기가 필요하다. 사랑하는 동반자와 관계를 맺는 것은 용기가 필요하다. 승진을 위해 노력하는 것은 용기가 필요하다. 아이를 갖는 것은 용기가 필요하다. 수년 동안 해온 일에서 은퇴하는 것, 나이가 들면서 더 많은 도움을 받아들이는 것, 존엄하게 죽는 방법을 계획하는 것은 용기가 필요하다. 이 모든 일은 용기가 필요하다(작은 용기가 필요한 것도 있지만, 많은 경우 큰 용기가 필요하다). 당신 저절로 성장하지 않기 때문이다. 당신은 결정과 선택으로 성장한다. 그리고 결정과 선택은 어지럽고 두려운 일이다.

개인적 변화 목표를 수립할 때보다 의도적이고 있는 그대로 우리의 운명을 결정하고 선택하는 순간은 없다. 개인적인 변화가 용기 있는 움직임인 것은 바로 이 때문이다. 경력을 바꾸는 것, 결혼 생활의 문제를 해결하는 것, 술을 끊는 것, 체계를 갖추는 것, 새로운 것을 배우는 것, 운동을 하는 것, 자기 생각을 표현하는 것, 자신의 입장을 밝히는 것, 치료를 시작하는 것, 안 좋은 습관을 그만두는 것, 더욱 사려 깊은 사람이 되는 것, 다른 사람에게 더 귀를 기울이는 것, 인생에서 다른 사람을 돕는 여유를 갖는 것 등이다. 은퇴자들에게 아무리 좋은 계획을 세우고 있다 하더라도 실행하려는 용기가 있어야 한다고 강조하고 싶다.

인간관계가 노후 행복을 좌우한다

은퇴자의 3대 고민이 갈 데가 없는 것, 만날 사람이 없는 것, 할 일이 없는 것이다. 은퇴자들이 가장 뼈저리게 느끼는 고통 중의 하나가 외로움이다. 자의든 타의든 관계가 단절되어 외롭게 지내면 자아를 실현하기 어려우며, 외로움으로 건강을 저해할 소지가 있다. 따라서 은퇴 후 인간관계가 노후 행복을 좌우한다.

은퇴 후에도 좋은 사람들과 지속적으로 친분을 나누고, 취미·여가나 사회적 활동을 통해 활발하게 교류한다면 매우 행복한 삶이 가능해진다. 은퇴자들이 가장 먼저 겪는 게 외부 사람들과의 단절로 인한 외로움이다. 은퇴 전에는 다양한 사람들과의 관계 속에서 생활이 이루어졌지만 은퇴 후에는 핸드폰 전화부터 모두 끊기면서 사회적 관계망이 단절되어 외롭게 지내면 자아를 실현하기 어려우며 지속될 경우 우울증으로 이어져 건강이 나빠질 수 있다.

우리나라 은퇴자들은 일반적으로 인간관계 유지라 하면 직장 동료나 학연, 또는 지연과 연관되어 인간관계를 형성하여 사회생활을 유지해 왔으나, 은퇴 후에는 직장 중심에서 가족이나 이웃 관계 중심으로 이동되는 공동생활에 익숙하지 않아서 더욱더 외로움을 느낀다. 몇 가지 그 이유를 살펴볼 수 있다. 첫째는 학연, 지연, 혈연과 같은 기본적인 네트워크가 큰 위력을 발휘하지만, 직장 떠난 뒤에는 영향력이나 도움을 줄 관계가 아니므로 서로 만나는 횟수가 줄어들며, 그렇다고 다른 새로운 인간관계를 형성하는 것 또한 매우 서툴다. 둘째는 우리나라 은퇴자들 대부분은 직장에서 맺어진 인간관계를 매우 소중하게 생각한다는 것이다. 정년퇴직 후에도 집에서 그동안 직장 생활하면서 받은 명함을 한 번쯤은 볼 것이다. 아마 미련이 남아서 버리지 못하고, 생각나면 한두 번 만나서 가벼운 식사는 할 수 있다. 그러나 계속 만나는 것은 불편하거나 부담스럽게 작용된다. 따라서 과거 직장이나 조직에서 사귄 인맥에 지나치게 의존하면 노후생활이 힘들어질 수 있다. 세 번째는 시간이 흐를수록 사회 생활하면서 맺어 온 관계는 점점 멀어지면서, 가족관계에서 부부와 자녀와 관계가 밀접하게 되지만, 가정에서의 부부 역할 등 많은 변화를 인식하지 못하는 경우가 있다. 그동안 아침에 출근하여 밤늦게 퇴근해서 오고, 가족들과 대화나 소통이 잘 이루어지지 않은 상태에서 새로운 관계를 정립하는 데는 많은 노력이 필요하지만, 적응하지 못할 경우 은퇴생활이 불행해질 수 있다.

은퇴 후에도 좋은 인간관계를 유지하기 위해서는 적극적인 노력이 필요하다. 무엇보다 다양한 연령층과의 네트워크를 만드는 것이 좋다. 사람들은 비슷한 사람들끼리 만나는 경우가 많은데, 심리적 안정감은 있지만 활발하고 새로운 자극이 적어서 나중에 서로 지루함을 느낄 수 있다. 아울러 배경을 따지기보다는 순수한 마음으로 사람을 대해야 한다.

배우자, 자녀, 친구, 이웃 등과의 친밀한 관계는 인간 수명을 연장하는 효과를 가지고 있다. 하버드대 로버트 왈딩어(Robert Waldinger) 교수 연구에 의하면 "인간관계가 좋은 사람은 안 좋은 사람의 수명보다 7년이 더 길고, 행복한 삶을 유지"한다는 결과도 있다.

따라서 은퇴 이후 인간관계를 소홀히 할 경우 불행해질 수 있으므로 옛 직장 동료, 친구 등 인연을 맺어온 사람들과의 꾸준한 친밀감을 높이기 위해 노력하면 은퇴 생활이 보다 만족스럽고 행복한 노후가 기대된다.

참고문헌

- 100세 시대 어떻게 행복하게 살 것인가 (전홍택 외 6, 2011)

- 100세 시대 은퇴 설계 (공무원연금공단, 2018)

- 100세 시대 은퇴 대사전 (송양민 외 1, 2018)

- 50부터는 인생관을 바꿔야 산다 (사이토타카시, 황혜숙 옮김, 2022)

- 고령화 사회에서 평생학습 효능성 제고 방안 (양승실, 2015)

- 고령화에 따른 은퇴 후 주거요구에 관한 연구 (박혜지, 2014)

- 공공기관 퇴직예정자의 퇴직준비교육 참여경험 탐색 (홍효정 외2, 2020)

- 공무원의 퇴직준비교육 참여 경험에 관한 연구 (임재홍, 2019)

- 그래도 나는 여전히 기회가 있다 (인사혁신처, 2021)

- 김형석의 인생 문답 (김형석, 2022)

- 나는 품위 있게 죽고 싶다 (윤영호, 2021)

- 나는 퇴직이 두렵지 않다 (강창희 외 2, 2020)

- 나를 바꾸는 마지막 용기 (로스 엘런혼, 유지연 옮김, 2022)

- 남성 퇴직자의 생활태도 유형화 및 유형별 퇴직 후 적응도 (성미애, 1999)

- 마지막 수업 (이어령, 2022)

- 만성질환, 뱃살과의 전쟁 (박민선, 2011)

- 메멘토 모리, 죽음을 기억하라 (김열규, 2021)

- 뭘 해도 운이 따르는 사람들의 10가지 습관 (우에니 아키라, 박재영 옮김, 2021)

- 백년을 살아보니 (김형석, 2016)

- 베이비붐세대 남성직장인들의 퇴직태도, 노후준비, 노년기 사회참여 의향

  (오병철, 2012)

- 베이비 부머세대 퇴직 후 생활세계의 형성과 본질적 의미에 관한 연구

  (박태정, 2015)

- 베이비붐 세대 퇴직자의 실태와 재취업 인식분석 (안성조 외 1, 2013)

- 사람이 운명이다 (김승호, 2021)

- 성품 10계명 행복을 만드는 부부대화법 (이명숙, 2010)

- 시니어(중장년) 은퇴 사회공헌 자원봉사 활동 전략 (김병옥, 2017)

- 심리상담사 학습자료 (한국자격평생교육원 박종화, 2021)

- 암 치료법 드디어 찾았다 (황준이, 2012)

- 언택트 시대가 성인들의 평생학습 지속에 미치는 영향 (안현영, 2022)

- 은퇴 5년 전에 꼭 해야 할 것들 (전기보, 2019)

- 은퇴 지원교육 과정 (공무원연금공단, 2022)

- 은퇴 후 여가설계 (채준안 외 1, 2017)

- 은퇴생활백서 (어니 J. 젤린스키, 김상우 옮김, 2010)

- 전성기 (라이나전성기재단, 2021)

- 전성기 (라이나전성기재단, 2022)

- 좋은 생활 습관이 건강 · 장수의 비결 (한국건강관리협회 건강소식, 1990)

- 중년기 남성공무원의 부부갈등에 대한 질적연구 및 평생교육학적 제안

  (나윤경 외 1, 2004)

- 중년기 부부갈등 치유를 위한 건강한 부부대화법 연구 (이경자, 2006)

- 중장년 퇴직자의 경력 적응성에 관한 질적 연구 (김선주, 2020)

- 치매예방 인지활동 프로그램 (장일상 외 16, 2021)

- 퇴직 후 공무원의 사회 공헌 활동에 관한 인식 조사 (윤혜순, 2021)

- 퇴직 후 행복한 신중년 설계과정 (교육부 중앙교육연수원, 2022)

- 퇴직공무원의 사회적응에 영향을 미치는 요인에 관한 연구 (이종희, 2001)

- 퇴직공무원의 삶의 만족에 관한 연구 (정관웅, 2014)

- 한 손으로 끝내는 퇴직준비 (인사혁신처, 2021)

- 한국 대기업 중년 남성 임원들의 비자발적 퇴직 이후 적응과정 연구

  (구자복 외 1, 2020)

- 행복한 결혼 생활을 위한 부부 대화법 (최규련, 2000)

- 행복한 노후 매뉴얼 (정재완, 2022)

은퇴 후의 삶, 인생의 절반을 위한 종합 가이드

권선복 (도서출판 행복에너지 대표이사)

한국인의 평균수명이 급격히 늘어나면서 '은퇴 이후의 삶'에 대한 인식도 과거와는 완전히 달라졌습니다. 과거에는 60대에 은퇴를 하면 '노인'이 되어 자녀 세대에게 모든 것을 맡기고 의지하며 남은 생을 관조하는 삶을 조용히 살아가는 것이 미덕으로 여겨졌습니다. 하지만 오늘날 100세 시대를 맞이하면서 60세에 은퇴를 하면 이제까지 사회생활을 해온 만큼을 더 살아가야 하는 세상에서 노년의 삶에 대한 정의도 크게 바뀌어 가고 있습니다. 많은 이들이 다가오는 은퇴 이후의 삶을 멋지고 행복하게 살고 싶어 하며, 이를 위해 철저한 준비가 필요하다는 것도 알고 있지만 무엇을 어떻게 준비해야 할지 몰라 시행착오를 겪으며 시간과 돈을 낭비하곤 합니다.

오랜 공직생활 후 정년퇴임을 하고 현재는 교육자로서 자신의 경험과 지식을 타인과 나누고 있는 임재홍 저자의 이 책 『100세 시대 은퇴자의 꿈』은 사실상 인생의 절반이나 다름없는 은퇴 이후의 삶을 맞아 무엇을 어떻게 준비해야 하는지 광범위한 분야를 꼼꼼히 체크하면서 구체적인 가이드를 제시해 주는 책입니다.

은퇴 이후 개인의 삶은 이전의 삶과는 모든 면에서 급격히 변화하게 됩니다. 특히 직장에 인생을 '올인'하는 것을 요구받았던 고성장시대 남성들의 경우, 직장을 중심으로 짜였던 모든 생활의 틀과 인간관계가 가정 중심으로 재편되면서 큰 혼란을 겪고, 가정 내 갈등으로 연결되기 쉽다는 것이 이 책의 설명입니다.

특히 이 책은 직장에서 은퇴한 후 변화하는 삶의 공간, 시간, 인간관계를 상세히 설명하는 데에부터 시작하여 은퇴 후의 취업, 여가활동, 귀농귀촌, 사회활동, 재무설계, 건강관리, 평생학습, 그리고 무엇보다 중요한 가족과의 관계 재설정 등 광범위한 인생 전반에 대해서 명확하면서도 섬세한 가이드를 제공하고 있으며, 책의 맨 마지막에 수록된 '참고문헌'에서 알 수 있듯이 깊이 있는 자료조사를 통해 책 내용에 신뢰도를 부여하고 있는 것이 특징입니다.

인생의 두 번째 전성기를 맞이하는, 혹은 준비할 필요성을 느끼고 있는 모든 분들이 이 책을 통해 행복한 은퇴 후 계획을 세워 나가시기를 희망합니다!

'행복에너지'의 해피 대한민국 프로젝트!

<모교 책 보내기 운동> <군부대 책 보내기 운동>

한 권의 책은 한 사람의 인생을 바꾸는 힘을 가지고 있습니다. 한 사람의 인생이 바뀌면 한 나라의 국운이 바뀝니다. 그럼에도 불구하고 많은 학교의 도서관이 가난하며 나라를 지키는 군인들은 사회와 단절되어 자기계발을 하기 어렵습니다. 저희 행복에너지에서는 베스트셀러와 각종 기관에서 우수도서로 선정된 도서를 중심으로 <모교 책 보내기 운동>과 <군부대 책 보내기 운동>을 펼치고 있습니다. 책을 제공해 주시면 수요기관에서 감사장과 함께 기부금 영수증을 받을 수 있어 좋은 일에 따르는 적절한 세액 공제의 혜택도 뒤따르게 됩니다. 대한민국의 미래, 젊은이들에게 좋은 책을 보내주십시오. 독자 여러분의 자랑스러운 모교와 군부대에 보내진 한 권의 책은 더 크게 성장할 대한민국의 발판이 될 것입니다.